スポーツ根性論の誕生と変容

――卓越への意志・勝利の追求

岡部 祐介 著

旬報社

はじめに

「根性」とは何だろうか。

大学の講義でその意味やイメージについて問いかけると、大抵の学生が「ハングリー精神」「忍耐」「諦めないこと」などと回答する。また、「昭和」「スパルタ式」「熱血、アツい」「理不尽」といったことを連想するという。根性は、彼らにとって旧時代的なものである。根性などという苦しみに耐え抜いて努力することに対して、どこか冷めた感覚を持っているのだ。

この根性が、現在もスポーツをはじめとして日常的に使用されている言葉であるのは不思議である。かつて、わが国では、競技で優れた成績をあげるには根性が必要であるという「スポーツ根性論」が流行した。それはスポーツ界のみならず各方面に影響を及ぼした。スポーツ根性論の流行は、一九六四年の東京オリンピックを重要な契機としており、以後の日本スポーツ界における支配的なスポーツ観として定着、機能していったと考えられている。

近年、スポーツ界における体罰・暴力行為やハラスメント等が社会問題化され、その原因には根性論的な指導および実践が挙げられている。それは極言すれば、「勝てないのは根性がないからだ」といって奮起を促すだけの指導や、主体性が失われた「耐え忍ぶ」だけの練習であるといえる。このような状況から、支配的なスポーツ観としてのスポーツ根性論が今でも機能しているといえるだろう。

スポーツ観というと、ぼんやりとした幅のある用語に聞こえるかもしれない。厳密に定義すれば、「スポーツにかかわる人びとの志向性、あるいは規範や態度、信念といった観念の総称」と捉えられるだろう。ここでは、

「スポーツに対する見方や考え方」のこととして理解してもらって構わない。スポーツにかかわるうえで何を重要な目的・価値とするかは、スポーツにかかわる人びとの個々のスポーツ観によって異なり、教育や人間形成、コミュニティ形成、健康の維持・増進、自己表現、気晴らしなど多様であるといえる。

現代の高度化を志向するスポーツでは、アスリートが専門的なトレーニングによって卓越したパフォーマンスを競い合うことで、結果としてもたらされる勝利や名誉、記録の価値を重要なものとしている。他方で、その結果に多大な利益が付加されるようになり、アスリートおよび関係者、組織の倫理的な逸脱行為が指摘され、勝利至上主義の弊害として問題化されている。

本書は、スポーツにおける勝敗をめぐって指摘されてきた問題と向き合いながら、卓越・勝利の追求という実践を支えるメンタリティとはどのようなものか、根性および根性論を手がかりとして考究したものである。

はじめに、勝利至上主義という問題が生起する要因をスポーツそのものに求め、その論理・構造についてみていく。また、勝敗をめぐって生起したわが国のスポーツ観の性質に着目し、勝利至上主義の問題とのかかわりについて考究する（序章）。

その内容をふまえ、現在では一般的に知られているスポーツ根性論の成立と流行について、「根性」の意味使用の変容に着目しながら考察していく。「根性」の意味使用は、なぜ変容したのか、なぜ一般社会に流行していったのか、その要因の明確化を試みる。そして、成立・流行と同時にスポーツ根性論がどのような問題を生起させ、変容していったのか、勝利至上主義の問題とのかかわりを含めて考究する（第1章）。

また、スポーツ根性論が支配的なスポーツ観として機能していった時期に重要な事績を残した二人のキー・パーソンに着目する。その一人は、女子バレーボールチーム「東洋の魔女」を率いて世界選手権および東京オリンピックで優勝し、現在でも取り上げられることの多い大松博文（だいまつひろぶみ）である。彼の指導哲学・

信念である「大松イズム」について検討し、スポーツ根性論の流行との関係を掘り下げてみたい（第2章）。

もう一人は、マラソン競技で銅メダルを獲得し、東京オリンピックのメイン会場であった国立競技場に唯一日の丸を掲げた長距離走者・円谷幸吉（つぶらやこうきち）である。彼はその後、競技では不振に陥り、一九六八年のメキシコオリンピック開催を前に自ら命を絶った競技者であり、スポーツの内外で大きな波紋を呼んだ。その円谷の事績に着目し、スポーツ根性論とのかかわりで競技者が被る主体性・アイデンティティの危機について考えてみたい（第3章）。

上述の考察をふまえ、本書のまとめとして根性およびスポーツ根性論の「これから」を展望していく。それは出発点である問題の所在に立ち返り、スポーツにおける勝利至上主義の問題との関係性を明確にし、スポーツ根性論の「これから」を考えるための論点を提示することである（結章）。

冒頭でも触れたように、根性は現在のスポーツにおいては旧時代的な考え方として、負の側面で語られることが多い。しかし、スポーツで高度なパフォーマンスを発揮するうえで必要なメンタリティであるという見解がある。端的に我慢や忍耐のことと理解されているようでいて、他方では人間性・人格のことを示していることもある。根性は、それを語る人びとによって多義的で広がりのある言葉として捉えられる。本書では、このような状況を整理し、スポーツにおける根性とは何か（何だったのか）を明確にすることをめざす。

根性およびスポーツ根性論の成立と変容のプロセス、実践主体へ与えた影響を明確化することは、現代日本のスポーツが抱えている問題、特に勝利至上主義がもたらす問題の解決への道筋を探ることに通じていると考える。それはまた、スポーツにかかわり、編み上げられてきた思惟・思考の集積の一端に触れることでもあり、日本のスポーツの「これまで」と「いま」を省察し、「これから」を見据えた指針を提示することにつながると考える。

目次

序章

近代スポーツがもたらす「必然」

——勝利至上主義という問題性

私たちが生きる社会では、さまざまな場面で競い合いと勝敗がみられる。スポーツは、その多くが勝敗を競うかたちをとっている。「スポーツとは何か」を考える際に、当該活動がスポーツと見なされる条件として競争や勝敗が挙げられることから、スポーツを考えるうえで、結果としての勝敗はスポーツの本質的な特徴として考えることができる(1)。

もっとも、競技志向のスポーツでは、勝利を重要視することや、結果としての勝利にこだわることは当然のことである。アスリートと呼ばれる実践主体は、卓越・勝利のために尽くさなければ一流の存在にはなれないといえる。その背景には、スポーツが高度化・専門化し、競技者がフルタイムで競技活動に従事しなければ好成績を残すことができなくなっているという状況が考えられる。

では、このような状況をもたらした要因は何なのか。上述のようなスポーツのあり方はいつ、どのように形成されたのか。それは一九世紀以降の近代という時代や社会の成立が大きくかかわっている。

本章では、次の課題について考察する。つまり、（1）近代スポーツの論理・構造と勝敗への価値の一元化／固定化、（2）スポーツ根性論と関連する日本的なスポーツ観の性質とその問題性、ということを考えていく。これらは、スポーツ根性論とは何だったのか、また、スポーツ根性論のこれからをどのように構想することができるのかという本書の主題について考えるうえでの前提・基底をなす。

なお本章では、上記の課題について具体的なイメージに依りながら考えるために、スポーツマンガの『ピンポン』(2)を取り上げながら論じていく。『ピンポン』で描写されている卓球は、高校生の運動部活動ではあるが、まぎれもなく真剣勝負のスポーツである。しかし、卓球への向き合い方、卓球（スポーツ）に対する見方・考え方は、主な登場人物でそれぞれ異なっており、トレーニングや試合を通じて彼らの内面および実践に変化が生じていく様子はとても興味深く、本章のテーマにかかわって例示すべき点は少なくないと考える。

1　近代スポーツの論理とその問題性

近代社会は、産業革命を通して資本主義体制が確立され、宗教的な束縛や経済的な貧困から解放されたブルジョワジー（新興中産階級）と呼ばれる市民の生活とかかわりながら成立した。担い手の自由や平等、自由競争といった思想の萌芽とともに、勤勉で規範的なプロテスタント（キリスト教の宗派のひとつ）の行動規範に支えられた競争秩序によって近代資本主義（競争）社会が形成されていった。[3] このような社会体制が近代スポーツの醸成基盤になったといえる。また、この時代にはブルジョワジーによるアマチュアリズムが存在しえた。

その後、二〇世紀後半以降の資本主義、商業主義の論理が席捲する社会状況を背景として、近代スポーツにおいて支配的な思想とされてきたアマチュアリズムの崩壊とプロフェッショナル・スポーツの隆盛がスポーツ界に変化をもたらした。[4] 国家的公共事業として競技スポーツ振興が企てられ、オリンピックをはじめとした国際大会の開催も国家の主導によって行われてきた。しかし、大会の規模が大きくなるにつれて、このやり方の限界が見えはじめた。

オリンピックを例にあげれば、一九七六年のモントリオール大会のころには大会の赤字運営は破綻状況に陥っていたといわれている。そこで方向転換がはかられ、一九八四年のロサンゼルス大会でオリンピックは民営化され、ビジネスとして成功をおさめた。教育機関である学校のスポーツでさえ、その特徴が学生たちの個人的、社会的なニーズに応えるのではなく、市場の原理によって厳密に組織化された資本の蓄積の追求であり、ビジネスであるという見解も確認できる。[5]

このような社会状況の下で、スポーツでは結果や業績、生産物としての勝利が重要視されるようになる。競争による卓越性の追求、業績主義や能力主義といったことが「近代の原理」としてスポーツにも反映されていったと考えられる。

スポーツを社会のシステムのような構造として捉えるとき、その特質に勝／敗の二元的コード（規範）が挙げられる。社会システム論の視点は、近代社会をさまざまな種類のシステムが併存しているものとして捉える。たとえば、正／不正のコードを有した法システム、支払い可能／不可能のコードを有した経済システム、権力の所有／喪失、与党／野党のコードを有した政治システム、真理／否真理のコードを有した科学システムといった領域があげられる。それぞれのシステムにおいて特有のものの見方や考え方、行為の仕方が形成されるように方向づけられている(6)。

このような捉え方とは別に、スポーツは人間形成に寄与するものと考えられ、教育の場を中心として普及、発展してきた。特に日本についていえば、外来文化としてのスポーツの中心的な受け皿となったのは学校教育機関である。スポーツに教育的な意味を見いだし、学校教育に取り入れたのは、イギリスのパブリックスクールがその先駆であるといわれている(7)。粗野で暴力的であったそれ以前のスポーツを、エリート教育のための教養としてカリキュラムに位置づけたのである。そこでは、スポーツによって勇気や忍耐、規律、協同の精神が養われ、心身ともに剛健な人間が創られるという考え方、つまり「アスレティシズム」が根拠とされており、やがてその有効性が認められ、他の学校においても広く正当性が与えられていった。

日本においても、エリート養成校であった旧制高校にスポーツが取り入れられ、校友会運動部（現在の課外運動部活動）において実践されるようになった。そこでは、上述のアスレティシズムを精神的なバックグラウンドとし、近代化を志向する当時の日本において、競争意識を煽るうえでスポーツに有効性を見いだしたのだと考えられる。スポーツの競技・競争的要素を強調し、勝利への意識を醸成することに広く教育的な意味が付与されていったと考えられる[8]。

ここに、スポーツの実践における「教育の論理」と先に触れた「近代の原理」が反映された「(スポーツ)競技の論理」の二重構造という問題が生じてくる。この問題については、日本における運動部活動(以下、「部活」)を対象にすると理解しやすいだろう。

戦後、一九四八年の文部省(現・文部科学省)による「学徒の対外試合について」(対外試合基準)という通達にはじまり、部活は「教育活動」として位置づけられた。しかし、一九六四年の東京オリンピックの開催をきっかけとして「選手中心主義」が志向され、優れた競技者を養成する場ととらえられるようになった。各競技団体からの要請を受け入れるかたちで、それまで遵守されてきた対外試合基準が緩和され、「競技の論理」が「教育の論理」よりも優先される状況を生み出した。このような状況において部活は、すべての生徒のための学校教育活動とは矛盾したあり方として批判された[9]。

上述のように、戦後の学校教育の一環としての部活は、その最初の位置づけである「教育的な活動」と、日本体育協会(現・日本スポーツ協会)を中心とした競技団体の要請による「競技力向上をねらいとした活動」とのあいだにおいて、その制度上の位置づけが変動しているといえる。

制度的な位置づけだけでなく、部活の実践場面においてもさまざまな位相で二重構造の問題が指摘されている。部活という実践の中核を担う存在であるのは部員生徒であり、顧問教員(指導者)であるといえる。彼らが部活という集団を構成し、そのなかで人間関係を築きながら目標に向かって活動していくことになるが、それは決して固定的な一枚岩のようなものではなく、時には衝突があったり、またある時には融和したりといった微細な問題状況を生起させながら変容し続けていくものだといえる。

部活を構成する実践主体は、競技志向あるいはエンジョイ志向で部活に参与しており、顧問教員・指導者側でも競技力向上志向あるいは教育・人間形成志向で指導にあたっていることが考えられ、部活の構成員の志向性は多様である。『ピンポン』を読み進めていくと、登場人物それぞれのスポーツ（卓球）への向き合い方、志向性の相異に気がつく。たとえば月本は、顧問の小泉から卓球の才能を見いだされ、高負荷のトレーニングや競争意識を要求されるが、それを拒み、友人の星野に以下のように語る。

「強くなるとか、優勝するとか……そうゆう卓球をやりたくないんだ、僕は。
楽しければいい。面白ければそれで十分。
プレーする事で何かを犠牲にしたり、勝つために誰かを引きずりおろしたり、したくないんだ。」

（『ピンポン』第一巻、一二九頁）

しかし、星野は月本に次のように語る。

星野「この星の一等賞になりたいの、俺はっ!!
　世界チャンプ目指してんだな、これがっ!!　夢なの、俺のっ!!」
月本「大声出さなくたって知ってるよ。子供の時から聞いてるもん。」
星野「お前とは違うな、コレ。」
月本「うん。」
星野「単純なのよ、俺のばやい（場合：筆者注）。

人様がどうなろうが敗北なんか楽しめねえかんよ。とにかく勝ちゃいいかんね。」
月本「格好いいね、ソレ。応援するよペコ。」
星野「ほんなら明日から部活出て来い。スマイル。お前いねえと、練習なんねえ。」

（『ピンポン』第一巻、一三六〜一三七頁）

月本は、顧問の小泉をはじめ、ライバルとなる海王学園の風間たちから卓球の才能を見いだされ、より高みを目指すことを求められるが、卓球や部活に対して個人の自由意思によって楽しんでプレイすることを志向する。インターハイ県予選の場面で顧問の小泉との対話でも以下のように語っている。

小泉「雑な速攻だな。隙が目に余る。相手を間違えれば、ふっ飛ばされる所だ。」
月本「気晴らしです。」
小泉「別の方法を考えてくれんか？」
月本「暇潰しの卓球。気晴らしの速攻です。」
小泉「Ｗｈｙ？」
月本「卓球に人生懸けるなんて、僕に言わせればナンセンスです。理解に苦しむ。」

©松本大洋『ピンポン』第1巻、136頁より（小学館刊）

「（観客席にいる風間を見ながら：筆者注）気味が悪い。」

（『ピンポン』第二巻、七一～七二頁）

上述の場面では、観客席にいる風間を見上げる描写があることから、月本は風間の卓球への志向性と自身のそれとを対照的に捉えていると考えられる。その風間は、インターハイ王者として自他ともに勝利を求める（求められる）存在であり、競技志向の持ち主であることがわかる。風間が試合前にトイレにこもる場面が描写されるが、「勝たなければならない」立場として、自分自身や学校の名誉のために、自分に憧れて入部してきた佐久間をはじめとした部員たちのために、精神的な重圧・プレッシャーを受けながら、星野や月本のような可能性を秘めた選手や孔のような強豪選手と対峙していくこととなる。

風間や佐久間が所属する海王学園や、中国から孔を招へいした辻堂学院における部活では、明らかに「競技の論理」が「教育の論理」よりも優先される状況を呈している。星野や月本が所属する片瀬高校にしても、顧問の小泉は月本の才能を見いだすと、他の部員への指導もそこそこに、月本への個別指導に時間を割くようになる。このような状況に対して、卓球部主将である太田が以下のように恨み節・皮肉を言う場面が描写されている。

「見下げてんのよ、俺らのことをな。へへ…」

「馬鹿みてえに試合するのも、ウチ（片瀬）にロクな練習相手がいねえからさ。」

「この部に、もうチームなんて存在しねえさ。奴一人が一軍選手で、残りは全員球拾いって図式よ。」

（『ピンポン』第三巻、三二一～三二三頁）

上述のように、実践主体となる部員生徒をはじめ、顧問教員や学校（経営）といったそれぞれの立場で部活の捉え方や志向性が必ずしも一致しているわけではないということは、『ピンポン』のなかの架空の話にとどまらず、実際の部活の状況に見いだすことができるだろう。

しかし、先に触れたスポーツの構造的な視点によれば、勝／敗の二元的コードによって実践主体は各々の動機や状態が異なるものであっても勝利を追求することを強いられるようになる。特に競技志向のスポーツでは、勝／敗の二元的コードのみを主題として純粋化することが極端に進められる。

『ピンポン』においても関連する描写が確認できる。たとえば星野と月本と幼なじみである佐久間は、卓球というスポーツに優れた星野や風間に憧れ、彼らに追いつくために厳しいトレーニングを積む努力を惜しまない「練習の虫」として描写されている。月本が風間から海王へ勧誘されていることを知り、彼の才能に嫉妬していた佐久間は、対外試合を申し込み、月本に挑む。しかし、歯が立たずに惨敗してしまう。

「どうしてお前なんだよっ⁉　一体どうして‼
俺は努力したよっ‼　お前の一〇倍、いや一〇〇倍一〇〇〇倍したよっ！
風間さんに認められるために‼　ペコに勝つために‼
それこそ、朝から晩まで卓球のことだけを考えて……卓球に全てをささげてきたよ、なのにっ……」

（『ピンポン』第三巻、七〇～七二頁）

それに対して、月本は、佐久間には卓球の才能がなかった、それだけのことだと冷徹に言い放つ。スポーツマンガ（アニメ）に特徴的な物語の構想として、上述のような「才能や努力、成功」といった要素が指摘される。

『ピンポン』に限らず、名作といわれるスポーツマンガの世界には、すでに述べた「近代の原理」が大きな物語として存在していると捉えられる。(10)佐久間だけでなく、風間や月本、孔、主人公である星野もまた、「近代の原理」が反映されたスポーツの構造に、あるいは勝／敗の二元的コードに支配されたスポーツのシステムに組み込まれていく。

『ピンポン』の内容を例にしていえば、星野や月本、佐久間は幼少期から卓球に取り組んできたが、それは遊び（プレイ）の性格を有した純粋なスポーツであったはずである。そこで見いだした卓球の面白さ・楽しさが原体験となり、技術の向上や勝つことの喜び、達成感を味わうために夢中で取り組んできたのではないか。

ところが、スポーツの論理・構造に組み込まれ、真面目で複雑な状況になっていくことで、彼らにとっての卓球は無邪気な遊びの性格から遠ざかっていき、それぞれのかたちで行き詰まりを見せることになる。星野は佐久間に敗れたことによって挫折し、一度は卓球から距離を置いてしまう。月本は才能に恵まれながらもエンジョイ志向で、勝利への執着や真面目な競技としての卓球を嫌うが、小泉の指導によって競技志向の卓球に取り組みつつも、そのような自己自身に疑問を感じていた。星野や風間に憧れ、彼らに追いつくために死にもの狂いで猛練習をしてきた佐久間もまた、努力によっては埋まらない差を自覚し、卓球をやめてしまう。明確に勝利至上主義を志向する風間にしても、試合前にトイレに籠らなければならないほどに卓球が「苦しい」ものになってしまっていた。

ここまでみてきたことを次のようにまとめることができる。資本主義体制が確立され、担い手の自由や平等、自由競争といった思想とともに近代社会が形成され、結果や業績、生産物としての勝利が重要視されるようになった。近代社会における経済的、政治的側面の変化は、スポーツのあり方や勝敗の重要性、実践主体の立場や内面も変化させることとなり、勝利／敗北の二元的なコード（規範）によって実践主体は各々の動機や状態が異なるものであっても勝利を追求することを強いられるようになる。それが勝利至上主義を核心とした近代スポーツの論理・構造であるといえる。

2　スポーツにおける卓越・勝利の位置づけ

(1)　スポーツの哲学・倫理学研究領域における見解から

すでにみてきたように、近代スポーツでは勝敗が重要な二元的コードとして特徴化されるが、同時に倫理的な諸問題の発生源になることが考えられる。スポーツ哲学・倫理学研究領域では、スポーツにおいて結果としての勝利が重要なのか、あるいは結果にいたる過程が重要なのかといった問題が議論されている。たとえば、スポーツの結果（勝敗）とそこにいたる過程について、次の三つの立場が挙げられる。[11]

①「勝利至上主義」の価値観
②勝敗よりもそれに到る「過程」を重視する価値観
③勝利と過程の「両方」を重視する価値観

①の立場における勝敗の考え方には、アメリカンフットボールの名コーチであったヴィンス・ロンバルディ（Vincent Thomas Lombardi）の「勝つことは全てではない。それは唯一のものである（Winning isn't everything, it's the only thing.）」というコメントが引用されるように、試合の結果としての勝敗が絶対的なものであると考えられ、そこまでの過程や個人的な達成感などは、結果にコミットしないかぎり無意味であるとされる。[12]すべては勝利という結果さえ得られれば良いという立場であり、勝利至上主義の弊害に結びつけられ、批判される。

上述の立場とは対照的な②の立場では、「勝敗ではなく、いかにプレイしたか」ということが重要とされる。つまり、結果としての勝敗よりもそこまでの過程が重視される。しかし、結果（勝利）を完全に否定してしまうことは、試合の存在や目的を消滅させてしまうことであり、スポーツを成立させている社会の価値を無視していると批判される。

結果（勝利）か過程かという二項対立的な立場に対して、③の立場が提唱される。つまり、結果に優れることは重要であるが、それが成し遂げられる過程も同様に重要であると考える立場である。

結果（勝利）を重要視すれば、勝利至上主義の問題にかかわる倫理的逸脱現象の生起が予見されることとなる。他方で、過程を重視することは、スポーツがもっている本質的特質を無視することになり、スポーツとして成立しなくなることが考えられる。すると、結果に優れることは重要であるが、それが成し遂げられる過程も同様に重要であると考えることが妥当であるように思われる。

しかし、結果と過程の両方を認めようとすることに対して、現実のスポーツ場面では矛盾した状況が指摘される。たとえば、試合終了間近になってスコアが優勢なチームは、あえて攻撃をせず、戦略的に時間を稼ぐことがある。結果だけでなく過程も認めるのであれば、勝利のために最後までプレイすることが重要であろう。このように、スポーツにおいて結果か過程かということについては、両方を認めて重要視することで解決されるという単純な問題ではない。

スポーツの勝敗についての議論が混乱する原因は、勝つことと勝とうと試みること（追求すること）という二つの意味を同一のものとして勝利という言葉で表現していることにあるという指摘がある[13]。勝利は、最終的に限られた選手（チーム）が得られるものであるが、勝利を追求すること・勝とうと試みることは、スポーツの試合に参与するすべての実践主体が成し遂げることができる。一回も勝てずに敗退した選手（チーム）でも、勝利の追求・勝とうと試みることはできたといえる。結果としての「勝利」と「勝利の追求、勝とうと試みること」を分けてとらえることによって、勝敗の問題や勝利の倫理的な意味について議論が整理され、検討しやすくなるだろう。

しかし、現実にはスポーツを含めビジネスや政治の世界でも勝利あるいは勝利者が求められる。次節で触れるが、日本ではスポーツが受容され普及していく過程で、上述のような勝利至上主義的な性質が指摘されている。近代の論理が反映されたスポーツの構造に組み込まれた主体にとって、勝利することでしか自らの存在を維持できないのだとすれば、そこから離脱する方法は敗北や挫折以外にないのだろうか。

無断で月本との対外試合をしたうえに、その試合に負けて卓球部を退部することとなった佐久間は、彼にインターハイ県予選で敗れ、卓球から遠ざかっていた星野に以下のように語る。

佐久間「スマイルにふっ飛ばされた後にな…いろいろ考えたよ、俺様。」
「奴の言う俺の無能を納得するのに時間は必要なかったし…それ受け入れちまえば安心できた。見通しも利いたよ。」
星野「見通し?」
佐久間「競争原理から離れる事で見える景色さ。」
星野「回りくどいのね、オイラにはサッパリ…」
佐久間「それはお前がまだ群れん中いるからだぜ。」

（『ピンポン』第三巻、一一五～一一六頁）

上述の佐久間のてん末は、近代スポーツの論理による帰結であり、「競技としての部活」であることを考えれば首肯できるのかもしれない。しかし、「教育としての部活」であることを考えれば、その在り方は問題視されなければならないだろう。つまり、競技スポーツの論理・構造によって導き出される実践や価値観は、教育としてのスポーツの実践と対立することになり、二重構造の問題を解決することはできないといえる。

勝利至上主義の問題性は、上述のトップアスリートがかかわる競技スポーツに限られたことではない。学校体育でスポーツをする際に、チームが勝つために下手な生徒にはボールが回ってこなかったり、試合にかかわりのないポジションにさせられたりすることがある。部活では、勝利のためにしごきや暴力をともなった指導が正当化されたり、試合に出場するために、怪我や体調不良を隠す選手がいたり、勝利によって学校の知名度を高めるために、優秀な選手を集める学校経営が進められたりするなど、教育の場においてもその問題性が指摘されている。

アスリートをはじめとした実践主体が勝利を追求するということ自体は問題とはならないだろう。むしろ問題となるのは、勝利に見いだされる外在的な価値を至上のものとすることであろう。スポーツの外在的価値とは、スポーツを通じて、あるいは活動の結果としてもたらされる価値のことであり、体力の向上や健康の増進、金銭的報酬や社会的地位などがその例に挙げられる。また、外在的価値は交換可能な価値でもあると考えられる。体力はスポーツ以外の方法によってもその向上が可能であるといえるし、金銭的報酬も企業で働くことで得ることができるといえよう。

一九六〇年代半ば以降、スポーツの国際大会は、世界規模のメガイベントとして人々を熱狂させ、人間と社会・経済の開発を促し、社会的認知を得るようになっている。このように、スポーツが社会現象として捉えられる今日、勝利には金銭的な報酬や社会的な地位といった外在的な価値が見いだされ、高度化に拍車をかけている。

勝利がスポーツの外在的な価値として、上述のようなスポーツ以外の価値を追求し、至上のものとするとき、倫理的な問題が生じると考えられる。むしろ、スポーツの本質的な特徴や機能といった、スポーツそれ自体がもっている卓越した身体能力や競争および勝利そのもの、ルールの遵守といった内在的価値を追求することは問題とはならないと考えられる。

上述の見解をふまえて勝利至上主義の問題を克服するうえで、何が勝利に代わる至上の価値として考えられるべきか。それはたとえば、「スポーツパーソンシップ」、「フェアプレイ」、「ルールの遵守」などが想定される。これらの多くは、勝利を至上の価値として位置づけてはいないため、勝利至上主義は本来のスポーツから逸脱したあり方として批判的に捉えられることとなる。

ところが、実践の場面では、フェアにプレイしていては試合に勝つことはできない、意図的にルール違反（戦術的ファウル）[14]をすることで勝利につながるといった状況が考えられる。このとき、上述のフェアプレイやルールの遵守と勝利の追求との間に対立関係が生じ、実践主体はどのように行動するべきか判断を迫られることとなる。勝利をスポーツにおける至上の価値とした場合、フェアプレイとの共存は困難であるといえよう。しかし、勝利追求を他の諸価値のなかのひとつとすれば、両立は可能であると考えられる。むしろ、純粋に勝利を追求する状況においてこそ、フェアプレイは生み出されると考えられる。[15]

金銭的な報酬や社会的な地位といった外在的な価値を得るために勝利を唯一の目的とする行為を勝利至上主義とするのであれば、それは批判的に捉えられるべきである。競技者のドーピング行為や、スポーツ指導の場面における暴力行為・しごきなどがその典型的な例に挙げられる。他方で、勝利がスポーツの本質であるような、高度化した競技スポーツやプロ・スポーツについては、その他のスポーツと差異化した価値基準を設ければよいという提案がなされている。[16]

勝利をスポーツの内在的な価値のひとつとして位置づけ、純粋に勝利を追求する行為を「勝利の追求」とし、勝利至上主義とは別のものとしてとらえれば、フェアプレイの精神をはじめとしたスポーツの教育的な価値が損なわれることはないと考えられる。

このように、勝利をどのように位置づけるかということや、勝利至上主義の問題性は、スポーツとは何か、どのようにあるべきかという本質的な問いについて考えることなしに、対処・克服することはできないといえる。

(2) 「日本的スポーツ論」研究領域における見解から

先に述べたように、勝利至上主義の問題については、勝利そのものよりも勝利の追求(勝とうと試みること)がすべての参加者に可能なことであり、勝敗に関する倫理的な諸問題に対処するうえで重視されている。しかし、現実にはスポーツを含めビジネスや政治の世界でも勝利あるいは勝利者が求められる。技術の専門化と高度化を志向するスポーツが「国威発揚のため、学校の名誉のため、企業の宣伝のため、郷土の誇りのため、士気昂揚のためといったぐあいに、常に何かの〝手段〟にされてしまう」[17]ところに、スポーツの特徴が見いだされる。このような「スポーツの手段化」が勝利至上主義を過熱させると考えられる。

『ピンポン』では、星野たちが幼少期から通った卓球場を営む田村(オババ)が次のようにつぶやく場面がある。

「こうゆう所(インターハイ県予選の会場:筆者注)来ると、昔思い出すね。
必勝のハチマキ頭に、それこそ死にもの狂いで戦ったよ。勝つ事が全ての時代さね。
負けた選手は人格まで否定されちまう。そうゆう精神が生み出した挫折を随分見てきた」
(『ピンポン』第二巻 一五七〜一五八頁)

過度な勝利の追求による弊害は、日本におけるスポーツの特質として以前から指摘され、議論されてきた。いわゆる「日本的スポーツ」の特質は、外来文化であるスポーツという文化を受容した際に、その担い手の精神性に見いだされ、「道・修行」や「勝利（至上）主義」、「（武士的・武士道的な）精神主義」といった特質が挙げられている。[18] また、一九七〇年代は、体育・スポーツ関連の雑誌等で「スポーツと日本人」「日本的スポーツ」の特集が組まれたように、[19] 日本人とスポーツのあり方に関する注目が高まった時期であったことが推察される。いわゆる日本人論、日本文化・社会論に関連する著書も同時期に多数出版されており、[20] 一九六〇年代から七〇年代は、社会全般において日本人としてのアイデンティティ（独自性）を求める風潮があったと推察することもできよう。

上述のように、日本のスポーツの特性を考えるときには、勝利（至上）主義が挙げられていた。ここでいわれる勝利（至上）主義は、勝利の追求にこだわる姿勢の強さを意味するものであるといえるだろう。日本人の勝敗観について述べられた論稿では、スポーツにおいて「勝利」と「敗北」という結果のそれぞれに対する評価や価値には、国民性や文化性が反映されるものであり、日本でもその独自性を有すると考えられている。[21] それは以下に示すように、武道的、武士道的な精神性とする見解が一般的である。

「娯楽性、非実用性、競技性を本質とする西欧の近代スポーツは、日本に受容される過程で担い手のもつ武士道ないし武道精神に大きく規定され、日本的変容が生じた、とするものである。この見解によれば、伝統としての武士道ないし武道精神は、欧米近代スポーツの受容過程における精神的土壌とみなされる」[22]

また、日本における勝利至上主義的なスポーツ観は、明治期のスポーツの担い手であったエリート学生たちが育んだものであると考えられている。[23] 具体的には、旧制一高の選手による以下の主張に見いだされている。

「勝負にはどうしても勝たねばならぬ。石にかじりついても敵に打ち勝つという精神を働かし奪うべからざる熱烈と屈せざる奮励を以ってこれに向かうところに一切の尊い意義が含まれる。（中略）高く輝く勝利ということはどこまでも絶対的神聖のものとしてこれを尊重し、これを渇仰しなくてはならぬ」[24]

エリート学生である選手にとって、試合に敗北することは身体的、技量的劣等を意味したばかりでなく、精神的気力的な劣等を意味し、彼らのエリート意識が傷つけられることであったと考えられる。このような傾向は、彼ら自身の意識の深層における「恥」の観念に通じるものであったと捉えられ、それは「武士的」な勝利至上主義であると説明される。

他方で、学生野球にかかわる史料から関係者のスポーツ観を抽出した際に、「野球は勝たねばならないものではあるが、同時に、身心の修養・鍛錬や品性の陶治を重視しなければならぬ」[25]という「武士」的、「武士道」的、そして儒教的なスポーツ観が共通して見いだされている。

上述のことから、明治期から大正中期頃までのスポーツの実践主体の価値観には、是が非でも勝たねばならぬとする勝利至上主義、それを行うからには心身の修養に役立たせるべきだとする修養・鍛錬主義という二つの特質があったといわれる。[26]

もっとも、このような勝利至上主義、修養・鍛錬主義という特質は、あくまでも特定の集団に見いだされたスポーツ観である。スポーツ界のイデオロギーとして、あるいは支配的なスポーツ観として表出されてくるのは、大日本体育協会（戦後「日本体育協会」、現「日本スポーツ協会」）や各競技連盟の設立といった制度的な整備が進

んだ大正期以降のことであると考えられる。(27)

さらに、エリートといわれる限られた者だけがスポーツの実践主体となるわけではない現代では、勝利への執着や敗北に対するエリートの武士的な「恥」の観念でそのスポーツ観を説明することはできない。また、明治期のスポーツにおける勝利至上主義の形成過程においてそのような影響が確認されたとして、現代にも連続してその傾向がみられると捉えるのは早計であるといえよう。(28) 戦後の勝利至上主義的なスポーツが果たしてどのような精神的背景のもとで見いだされ、問題化したのか。それは次章で根性および根性論に着目して考察することとする。

注

（1）岡部祐介（二〇一七）「勝敗の倫理学」友添秀則編著『よくわかるスポーツ倫理学』ミネルヴァ書房、五〇～六三頁。

（2）松本大洋による『ピンポン』は、一九九六年から一九九七年にかけて『週刊ビッグコミックスピリッツ』（小学館）にて連載された。五人の男子高校生たちがそれぞれの問題状況に対峙しながらも競い合い、交流し、挫折や成功を経験するという青春スポーツ物語である。片瀬高校卓球部の星野裕（ペコ）と月本誠（スマイル）は幼なじみで、ともに才能を秘めている。彼らの前に立ちふさがるのが、全国でも屈指の名門校である海王学園高校のエースであり、インターハイの覇者である風間竜一（ドラゴン）である。その風間に憧れて海王学園に入学し、力をつけた佐久間学（アクマ）は、星野・月本と幼なじみである。また、古豪復活を目指す辻堂学院高校では、中国から留学生として孔文革（コン・ウェンガ）（チャイナ）が招へいされている。

（3）西山哲郎（二〇〇六）『近代スポーツ文化とはなにか』世界思想社、二二～二八頁。

（4）時代状況の変化に対して従来のアマチュアリズムを堅持することに限界がみえ、一九七四年のＩＯＣ総会を経て、ＩＯＣ憲章から「アマチュア」の文字が削除された。その後、各競技連盟の規則の範囲内で競技者の金銭授受が認められることになり、プロの選手の参加も認められるようになった。

（5）ジョージ・H・セージ、深澤宏訳（一九九七）『アメリカスポーツと社会』不昧堂出版、二〇八〜二〇九頁。

（6）K・H・ベッテ、U・シマンク、木村真知子訳（二〇〇一）『ドーピングの社会学――近代競技スポーツの臨界点』不昧堂出版、二五－二六頁。

（7）杉本厚夫（二〇一三）「混迷する学校運動部――学校と地域の狭間で」『現代スポーツ評論』二八、創文企画、四四頁。

（8）デビットノッター・竹内洋（二〇〇一）「スポーツ・エリート・ハビトゥス」杉本厚夫編『体育教育を学ぶ人のために』世界思想社、四〜二三頁。

（9）中澤篤史（二〇一四）『運動部活動の戦後と現在――なぜスポーツは学校教育に結び付けられるのか』青弓社、一二六〜一二八頁。

（10）高橋豪仁（二〇〇二）「スポーツ・マンガ／アニメの世界」橋本純一編『現代メディアスポーツ論』世界思想社、一三九〜一六一頁。

（11）Scott, J. (1973) Sport and the Radical Ethic, Quest, 19 (1), pp.71-77.

（12）アメリカンフットボールのコーチであったロンバルディは、「あなたにとって勝つことはすべてか」という問いに対して本文にある引用のとおりコメントしたといわれている。彼のコーチング哲学にもとづいてチームは猛練習を行い、試合に勝利し続けたことから、それを信奉する人びとの倫理観が「ロンバルディアンの倫理」といわれる。久保正秋（二〇一〇）『体育・スポーツの哲学的な見方』東海大学出版会、二一四〜二一五頁。

（13）W・P・フレイリー、近藤良享ほか訳（一九八九）「スポーツモラル」不昧堂出版、五〇〜五一頁。

（14）意図的なルール違反は、試合で勝つために審判を欺いてファウルを隠蔽し、罰則を回避しようとする行為を意味する。他方で、ファウルに対する罰則を甘んじて受け入れる行為によって試合に勝つ場合もある。その典型例が、バスケットボールの「ファウルゲーム」（防御側のプレイヤーが、ボールを保持している（しようとしている）プレイヤーに対してファウルを意図的に行うことでゲームクロックを止めようとする行為）に見いだされる。意図的ルール違反の是非については、スポーツ倫理研究の主要課題の一つに挙げられている。大峰光博・友添秀則・岡部祐介「バスケットボールの「ファウルゲーム」の是非論に関する研究――FraleighとSimonの論争に着目して」（『スポーツ教育学研究』第三一巻二号、二〇一二年)、一三～二五頁。
(15) 関根正美「体罰の温床・勝利至上主義とフェアプレイの狭間」(『体育科教育』第六一巻一一号、二〇一三年)、三八～四一頁。
(16) ハンス・レンク、グンター・A・ピルツ、片岡暁夫監訳(二〇〇〇)『フェアネスの裏と表』不昧堂出版、一五九～一六〇頁。
(17) 川本信正(一九七六)『スポーツの現代史』大修館書店、三六頁。
(18) 日本的スポーツの特質は、主に次のように指摘されており、その後の研究においても取り上げられている。たとえば、①勝敗主義、②自虐主義、③修養主義、④娯楽性、自然性の欠除、⑤排他主義、⑥自己喪失(岸野雄三(一九六八)「日本のスポーツと日本人のスポーツ観」『体育の科学』一八(一)、一二～一五頁)。また、①求道主義、②勝利主義、③精神主義(菅原禮(一九七六)「日本的スポーツ風土の社会学的考察」『新体育』四六(四)、二二～二五頁)や、①精神主義、②自虐主義、③修養主義、④全力主義(上杉正幸(一九八二)「日本人のスポーツ価値意識と道・修行の思想」『体育・スポーツ社会学研究』一、三九～五七頁)といった見解がある。
(19) たとえば、雑誌『体育科教育』において、次のような特集・連載が確認された。一九七二～一九七五年(連載)牛島秀彦「日本的スポーツ論」、一九七六年(特集)「スポーツと日本人」(第二四巻一号)。
(20) たとえば、中根千枝の『タテ社会の人間関係』(一九六七)、イザヤ・ベンダサンの『日本人とユダヤ人』(一九七一)、土居健郎の『甘えの構造』(一九八一)などがあげられるように、一九六〇年代から一九七〇年代は、日本人論、日本文化・社会論が流行した時期であったといえよう。
(21) 小澤英二「日本人の勝敗観とスポーツ」(中村敏雄編『日本人とスポーツの相性(スポーツ文化論シリーズ)』第一二巻、創文企画、二〇〇二年)、一四六頁。
(22) 高津勝(一九九四)『日本近代スポーツ史の底流』創文企画、一四～一五頁。このようなスポーツ文化の受容と変容に対する見解は、欧米スポーツの日本的な受容を単純に西洋化現象や近代化とする見解に批判的な視点を提供できるが、「和魂洋才」といわれるようなステレオタイプ化された文化受容の認識では、受容された文化の歴史的変容を把握できず、伝統と西欧近代との対抗、葛藤などといった関係が追求されないことが指摘されている。高津は、日本近代におけるスポーツおよび武道の展開と両者の関連については、スポーツの「武道化」および武道の「スポーツ化」といった相互浸透＝統一説と、スポーツと武道をそれぞれ外来文化と伝統文化として代表させ、両者の相互作用を認めつつ、それぞれの独自性を重視する独自性説の二つの見解に集約されると述べている。

(23) 日下裕弘（一九八五）「明治期における「武士」的、「武士道」的野球信条に関する文化社会学的研究」『体育・スポーツ社会学研究』四、二三～四四。

(24) 同上、二九頁。

(25) 日下裕弘（一九九六）『日本スポーツ文化の源流 成立期におけるわが国のスポーツ制度に関する研究――その形態および特性を中心に』不昧堂出版、一四三頁。

(26) 同上、一五七頁。

(27) 同上、一七七頁。

(28) 二〇〇〇年以降、これまでの「日本的スポーツ」にかかわる研究成果に対して、批判的な再検討の試みを確認することができる。たとえば、小野瀬は、「日本的スポーツ」として示されてきた武士道的特質や勝利主義、精神主義、修養主義といった特質がもつ問題を明確化し、その通説を日本におけるスポーツに対する知識の歴史形成過程から検討している。そのなかで小野瀬は、「日本的スポーツ観」の研究には、スポーツ観の同時代的な差異や歴史的な変化といった異質性に対する視点が欠けていることを指摘し、多くの研究論文が言及してきた「精神主義」、「勝利主義」、「修養主義」といった日本的等質性それ自体の再検討が必要であると述べている。また小野瀬は、「日本的」という概念の問題は、「西洋的」との対比によって規定されていると考え、「西洋的」価値観に共感し、「日本的」価値観には反感をもつという価値拘束性を再検討する必要性を述べている。そして、「近世から近代にかけて連綿と受け継がれてきた『武士道』の精神」の反映が確認できたとして、それは「明治から現在まで一貫して存在している」といわれるほどの持続力をもったのか、どの程度の範囲で影響力をもったのか、そこで挙げられた特徴は「日本的」であるのか、このような問いに対する実証的研究の不足を指摘している。小野瀬剛志（二〇〇一）「昭和初期におけるスポーツ論争――「日本的スポーツ観」批判をめぐって」『スポーツ社会学研究』九、六〇～七〇頁、および小野瀬剛志（二〇〇二）「野球害毒論争（一九一一）に見る野球イデオロギー形成の一側面」『スポーツ史研究』一五、六一～七一頁。

第1章

スポーツにおける「根性」の成立と変容

序章でみてきたように、わが国ではスポーツの受容期から定着期にかけて勝利至上主義的・精神主義的なスポーツ観が見いだされた。戦後の占領体制下で再開されたスポーツは、民主化および大衆化を志向し、日本体育協会（現・日本スポーツ協会）を中心に復興がはかられたといわれる。各競技団体のはたらきかけによってスポーツの国際復帰がはたされていくなかで、次第に高度化が志向され、競技力向上としてのスポーツのあり方が前景化していく。また、東京オリンピック開催決定を機に選手の養成・強化策が考えられ、東京オリンピックにおけるメダル獲得＝勝利のために、選手の精神的な基調が策定されていった。

その東京オリンピックに向けた選手強化策では、上記の精神的基調と関連して「根性づくり」が考えられていた。この根性は、スポーツにおける精神的側面にかかわる性質であることから、序章で取り上げた日本のスポーツ観とその問題性にも通じている。

根性は、戦後の一九六〇年代以降に定着していったスポーツの文化的なアイデンティティの新たなかたちであったとする見解がある。また、根性を日本のスポーツとして位置づけるとき、戦後のスポーツ実践の精神的な側面において強固なイデオロギーとして一定の役割を担ったことが推察されている[1]。

上述の見解をふまえつつ、本章では、日本で一般的に用いられてきた根性という言葉に着目し、特にスポーツにかかわって根性が形成されてきた過程を検討することによって、戦後日本の支配的なスポーツ観としてのスポーツ根性論がどのような経緯で成立し、定着したのかを明らかにする。具体的には、（1）一九六〇年代に根性の意味使用はどのように変容し、形成されたのか、（2）根性の意味使用が変容したこと、それが一般社会に流行したことにはどのような要因が考えられるか、という課題を設定し考察を進める。さらに、スポーツ根性論が成立・流行と同時にどのような問題を生起させ、変容していったのか、勝利至上主義の問題とのかかわりを含めて考察する。

1 「根性」の辞書的意味とその使用状況の変遷

はじめに、冒頭で示した課題（1）に取り組んでいく。根性の意味はどのように説明され、使用されてきたのか。そこにはどのような変化があったのか。まずは国語辞典[2]における記載内容に着目する。

明治時代の初期の代表的な国語辞典である「言海」（一八九一（明治二四）年）には、すでに「根性」の記載が確認できる。その内容は、「ココロ、ココロネ、ココロノソコ」と記されている。同時期の「日本大辞林」（一八九四（明治二七）年）も同様の内容が記載されている。また、一九二八（昭和三）年の「大日本国語辞典」も同様の内容を示しており、例示には「根性ヲ入レ換ヘル」と記されている。

「言海」の改訂版として出版された「大言海」（一九三三（昭和八）年）においても、「ココロネ、ココロダテ、性根」といった同様の内容が記載されている。そこでは「根」と「性」とをそれぞれ参照との注記があり、「根」の項では、「佛經ノ語、人ノ天賦ノ性質、性能、根性．事ヲ行フニ、久シク堪ヘ忍ブ、精神ノ力．精力・気力」、「性」の項では、「人ノウマレツキノ性質・性分」という記載がある。ここで「根」の意味として記載されている「事を行うに久しく堪え忍ぶ精神の力」は、現在の根性の意味に通じるといえる。

その後、一九三四（昭和九）年の「広辞林」、一九三五（昭和一〇）年の「辞苑」、一九三八（昭和一三）年「言苑」、戦後は一九五九（昭和三四）年の「新言海」にいたるまで記載内容の変化はなかった。また、用語の例示からは、「根性腐り」や「根性悪」、「根性を入れ換える」などの語が確認されたことから、根性という言葉はどちらかといえばネガティヴなニュアンスを伴って使用されていたことが考えられる。

現在の根性の意味を辞書にもとめると、二〇〇八（平成二〇）年の広辞苑第六版では「その人の根本的な性質。こころね。しょうね」、「困難にもくじけない強い性質」という二つの意味の記載が確認できる。広辞苑において後者の意味が記載されたのは一九八三（昭和五八）年第三版からであった。また、一九七三（昭和四八）年に改訂された日本国語大辞典では、「苦しみや困難に耐え、事を成し遂げようとする強い気力、根気」という意味内容が加えられた(3)。

上述のことから、根性は戦前から戦後のはじめにかけて、ひとつには「こころだて、こころね、しょうね」といった、人間性や人間の本質的な部分、先天的に備わった性質といった意味の言葉として使用されていたことが考えられる。いまひとつは、一九三三（昭和八）年の「大言海」の「根」の項にみられたように、「事を行うに久しく耐え忍ぶ精神の力」という意味が付与されていたことが考えられる。

しかし、「大言海」の後の「辞苑」や「言苑」では、「根性」の項で「事を行うに久しく耐え忍ぶ精神の力」という記載は確認されていないことから、「根性」は一般的に前者の意味で使用されていたことが推察される。そして、「困難にくじけない強い性質」、「事を成し遂げようとする強い気力」といった意味で一般的に用いられるようになるのは、一九七〇年代前後のことであると考えられる。

このような根性の辞書的な意味の変遷をふまえ、以下では新聞記事(4)を中心として「根性」という言葉の使用状況に着目する。

表は、朝日・読売両紙における根性という言葉の記載件数および意味使用の分類を示している。意味使用の分類については、上述の国語辞典における記載内容をふまえ、次のように行った。意味Aについては、「こころだて、こころね、しょうね」といった、人間性や人間の本質的な部分、先天的に備わった性質といった意味で、主に否定的な用語や文脈を伴って用いられている「根性」を、意味Bについては、「困難にもくじけない強い性

表　読売・朝日新聞の「根性」の意味使用の変遷

年，( ) 内は元号	記事件数	意味A	意味B	その他	記事件数	意味A	意味B	その他
	読売新聞				朝日新聞			
1875（明治8）～90（23）	21	15	0	6	3	3	0	0
1891（24）～1911（44）	32	31	0	1	63	62	0	1
1912（大正元）～25（14）	22	21	0	1	50	50	0	0
1926（昭和元）～45（20）	49	40	0	9	42	41	0	1
1946（21）～59（34）	65	46	0	19	18	18	0	0
1960（35）	5	2	0	3	4	1	3	0
1961（36）	9	2	6	1	2	0	2	0
1962（37）	7	4	3	0	1	0	1	0
1963（38）	28	9	19	0	13	3	9	1
1964（39）	42	12	24	6	18	1	17	0
1965（40）	47	10	32	5	12	2	9	1
1966（41）	16	5	9	2	10	4	6	0
1967（42）	30	8	18	4	13	0	13	0
1968（43）	35	14	19	2	11	1	10	0
1969（44）	24	4	17	3	6	1	5	0
1970（45）	60	19	38	3	11	0	11	0
1971（46）	15	2	13	0	16	1	15	0
1972（47）	19	7	12	0	5	1	4	0
1973（48）	11	1	10	0	5	0	5	0
1974（49）	12	3	8	1	9	0	9	0
1975（50）	6	0	6	0	7	0	7	0
1976（51）	8	1	7	0	9	0	9	0
1977（52）	9	1	8	0	4	2	2	0
1978（53）	14	2	12	0	2	1	1	0
1979（54）	14	2	12	0	6	0	6	0
1980（55）	8	1	7	0	5	0	5	0
計	608	262	280	66	345	192	149	4

著者作成

図 「根性」の意味使用の変遷

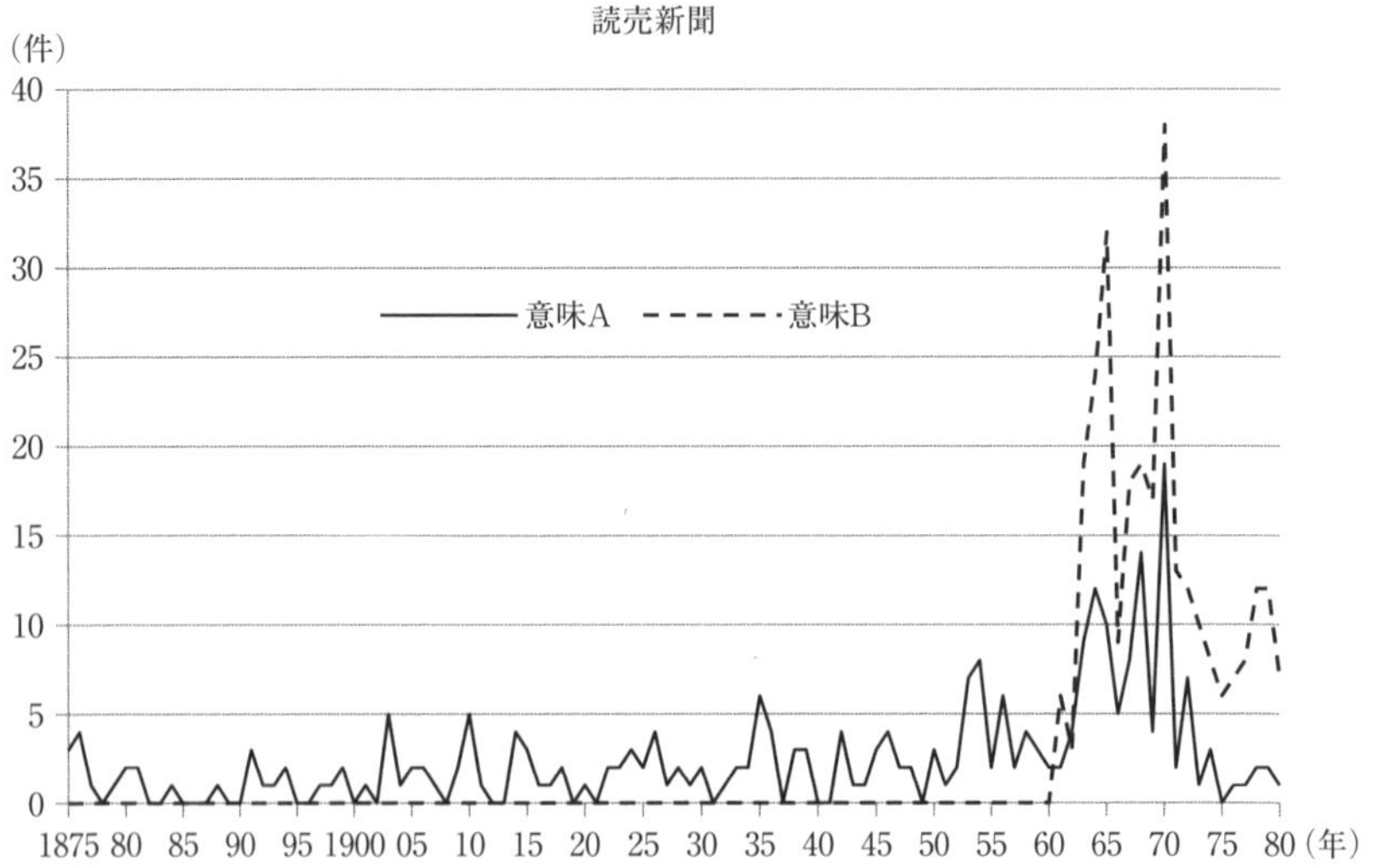

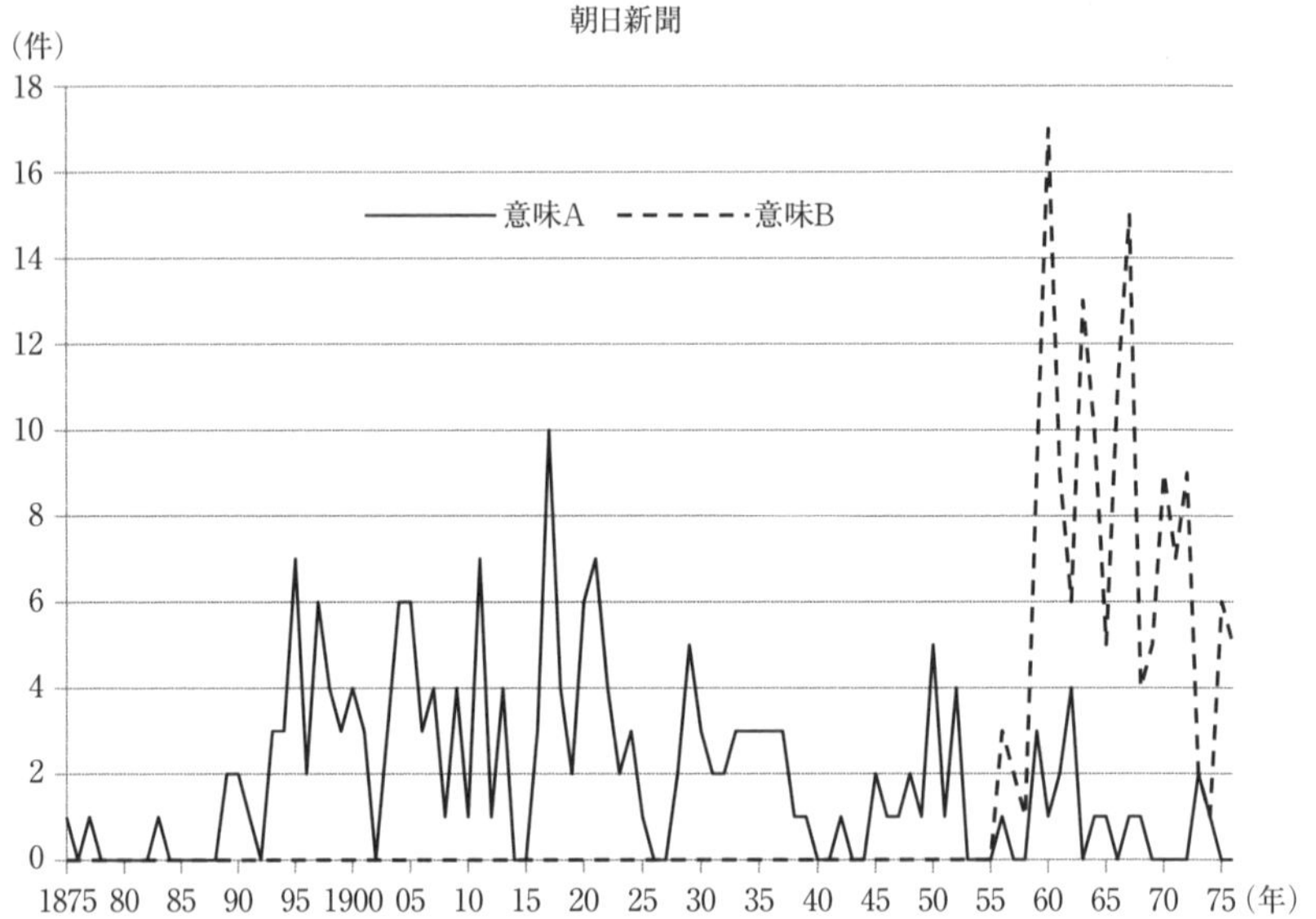

質」、「事を成し遂げようとする強い気力」といった意味で、主に肯定的な文脈で用いられている「根性」を示している。

表によれば、両紙ともに創刊年から根性の記載が確認できる。しかし、戦前の記載件数に比べて、戦後の一九六〇年代からの記載件数に急激な増加がみられる。意味使用については、両紙ともに戦前における意味Ｂの使用は確認されなかった。

記事の内容をみていくと、戦前では朝日新聞の創刊年である一八七九（明治一二）年の大阪版朝刊の記事において、すでに「慾張根性」という使用が確認できる。また、読売新聞に関しても、一八七五（明治八）年の記事に「奴隷根性」という語が確認できる。ほかにも「士族根性」（朝日新聞一八九三年九月八日付）や「町人根性」（一八九四年二月一一日付）という使用が確認できるが、記事ではこれらが否定的な文脈で取り上げられている。一九一〇（明治四三）年の朝日新聞では、気質と根性について解説した記事を確認することができ、「根性と云ふのは気質よりは狭い悪い意味を有つので商人根性と云へば馬鹿に金を儲けたがり義理人情を知らぬ共通習慣を云ひ百姓根性と云へば握つたら最後鐚一文でも出さないシミツたれな共通習慣を云ふ」（朝日新聞一九一〇年四月一九日付）と述べられている。

その他に戦前の記事における使用例をみると、窃盗を犯して刑を受けた者が出所後間もなく再び窃盗を働いたことに「持つて生れた根性」（朝日新聞一九一五年一月二四日付、同年一〇月一二日付）と評した記事や、「他人に少しでも儲けさせまいとして小細工を弄する役人根性」（読売新聞一九二八年六月一六日付）といった記事が確認できる。その後、戦前から戦後の一九五〇年代まで記事における使用の変化は確認されず、主に「島国根性」や「役人根性」、「ナワバリ根性」といった語が用いられていた。

上記の記事をはじめとして、明治期から戦後初期における根性は、人間の根本的な性質や気質といった辞書的意味で使用されていたといえる。そして、「奴隷根性」や「鬼畜根性」、「泥棒根性」などといったように、根性は否定的な用語とともに用いられていた。国語辞典における使用例では否定的な用語が記載されていたが、新聞記事においても同様の使用がなされていたといえる。

しかし、戦後になると、国語辞典におけるもう一方の意味である「困難にくじけない強い精神」という使用や肯定的な文脈における使用が確認できるようになった。特に、スポーツに関連した記事において、競技者を称賛するような文脈において使用されている。

たとえば、朝日新聞では一九六〇（昭和三五）年に相撲関連の記事において「根性の人・栃錦」という見出しを掲げており（朝日新聞一九六〇年五月一一日付）、同年の一一月に掲載された野球関連の記事では、勝利投手が「まさに根性の男」という見出しで称賛されている（朝日新聞一九六〇年一一月一三日付）。読売新聞においても、「プロ・テニスの根性」（読売新聞一九六一年一一月一〇日付）という見出しの記事が確認でき、当時の各スポーツの記事において、「根性と名門の底力」（読売新聞一九六一年一〇月一六日付）、「ムーアの根性／世界フェザー級選手権」（読売新聞一九六一年一一月一四日付）といったように根性が用いられている。

また、一九六一（昭和三六）年には、根性という言葉そのものを取り上げた記事が確認できる。そこでは、根性は昔から使用されてきた言葉であるとしながらも、「兵隊の訓練や戦争を背景にして『根性』をうんぬんすると、いい気持がしないが、スポーツの場では、この言葉は生気をとりもどす」（朝日新聞一九六一年一一月一日付）と記されている。

上述のように、新聞記事における使用状況から、「人間の根本的な性質」を本来の意味としていた根性は、一九六〇年代にはその意味使用が変化していることが確認できる。さらに記事を追っていくと、東京オリンピックが開催された一九六四（昭和三九）年以降は、根性がスポーツを中心として流行語のようにさまざまな場面で用いられていくことがわかる。

東京オリンピックが開催された一九六四（昭和三九）年一〇月には、競技結果を伝える記事に根性が使用されている。たとえば「見事、養った根性　レスリング　ローマの雪辱」（朝日新聞一九六四年一〇月一五日付）や「超人的なアベベの独走　円谷も根性みせる〝ベルリン以来〟の快挙」（朝日新聞一九六四年一〇月二二日付）、「猪熊功　根性のカムバック」（読売新聞一九六四年一〇月二三日付）といった見出しにあらわれているように、競技者の強靭な精神をさす言葉として根性が用いられている。

東京オリンピック後の朝日新聞社説（朝日新聞一九六四年一〇月二二日付）には、以下のような根性に関連する記載が確認できる。

「体格も適性も技術も闘志も運動神経反射も十分な選手が、自在にエネルギーの持続と配分を掌中のものとしていることと、〝根性〟を解析した人があったが、ここまでくると〝根性〟の中に精神的、心理的、肉体的条件の総合強化の意味が込められていることになり、この各条件を良くし要素を鍛えることがトレーニングであることがわかる」

上述の記事から、根性は競技者の総合的な強化・育成の基調とされていたことが推察される。実際に（後述するように）、東京オリンピック選手強化策において根性が取り上げられ、議論されていたことが確認できる。

東京オリンピックを前後して、社会的な側面においても根性が取り上げられている。読売新聞では、「現代の日本人」という特集において、当時の社会問題として向上意欲の低下や目標の不在をあげ、現代機械文明の社会では根性を発揮しにくい、いわば根性が不要の時代であると記されている（読売新聞一九六四年八月一〇日付）。

この記事において、根性は「目標を達成する強い意欲」であり、「たゆまぬ努力、忍耐、ねばり…などを伴うもの」であると規定されている。そして、根性はもって生まれた性質というよりも、社会的環境など後天的にそなわる要素が強いと記されており、根性を「仕事への欲ばり、あるいは欲づくり」ととらえ、根性は「社会の期待にこたえ、社会の目標を自己の目標とする態度をつくりあげ、さらに社会的価値を生産するという終局目標」であると考えられている（朝日新聞一九六四年六月六日付）。

一九六四（昭和三九）年以降は、「テスト主義やめて根性の教育」（読売新聞一九六五年二月一日付）や「根性づくりに養豚」（朝日新聞一九六五年一〇月二二日付）、「合宿で社員に根性」（朝日新聞一九六六年八月五日付）などと報じられているように、スポーツに限らず、経済・社会の側面で根性づくりや根性教育が取り上げられている。

上述のような新聞記事における使用状況から、根性の意味使用は、それまで主流であった「生まれついた人間の根本的な性質」という意味で主に否定的な文脈における使用から、「困難にもくじけない強い性質」、「事を成し遂げようとする強い気力」といった意味を中心とした使用に転換していったと考えられる。また、この意味使用の転換はすでにみてきた根性の辞書的意味が変容した時期にも概ね対応しているといえる。(5)

以上のことから、一九六〇年代において根性は、先天的に備わった性質から後天的に形成される可能性が込められた用語へ、また、否定的な用語を伴った使用から肯定的な用語を伴った使用へと変容していったことが明確化になった。また、根性の意味使用の転換は、東京オリンピックを中心としたスポーツ界に端を発していることが推察された。

2　東京オリンピック（一九六四）に向けた選手養成・強化と「根性」

前節における考察から、根性が「困難にくじけない強い性質」や「事を成し遂げようとする強い気力・意志」といった意味で一般的に用いられるようになったのは一九六〇年代にあたり、一九六四（昭和三九）年に行われた東京オリンピックを最大の契機としていたことが推察された。以下では、当時のスポーツ界の状況に着目し、特に東京オリンピック開催にともなうスポーツ体制の成立過程における根性の位置づけや取り扱いについて検討する。

一九六一（昭和三六）年に組織された東京オリンピック選手強化対策本部では、メダルを獲得するために選手強化の具体的な方針として、「根性つくり」が考えられた。選手強化本部スポーツ科学研究委員会心理部会は、根性を「高い目標意識をもち、その目標達成のために精神を集中しそれを持続する強烈な勝利への意志」[(6)]と定義している。

東京オリンピックにおいて「根性つくり」はスポーツ科学研究委員会の心理部会で取り扱われていた。[(7)]心理部会では、発足当初から競技者の「あがり」の研究や、指導者が競技者の性格を科学的に把握し、合理的な指導を行うための性格テストの方法に関する研究に取り組んでいたが、「あがり」や競技者の性格特性の問題を、競技者の精神面の強化、つまり根性養成の問題に関連づけた。

委員会の報告書によると、この問題は競技者にとどまらず指導者のあり方や指導方法にもかかわることであり、競技者や指導者の基本的な心がまえや態度の問題と、競技者の可能性を最大限に引き出す心理的な基盤の問題として究明された。

報告書では、心理部会で検討された「根性の意義」「根性のある選手」「根性養成の方法」についてそれぞれ規定されている。(8)「根性の意義」においては、「運動選手としては、スポーツの価値を認め、記録を伸ばすことの意義を認識し、明確な目標をもって、自己の行動を統一し、選手としてあるべき自覚をもち、選手として、社会から期待されている行動をとれるようにすることが、〝根性をつける〟ことであると考えられる」という記載がある。「根性のある選手」の共通する特徴としては、勝利というひとつの目標のために練習に打ち込み、苦しさに耐え、努力を怠らないことが指摘されている。

選手強化本部が編集に携わった機関誌『ＯＬＹＭＰＩＡ』では、役員や指導者で構成された座談会で、各氏による根性論が語られており、勝利への自信をつけるために「猛練習」することが重要な要素であると説かれていた。(9)

たとえば、当時水泳連盟会長であった高石勝男は「根性とは自信である」と述べており、陸上競技の強化コーチを務めた田島直人も「根性とか精神力とかいうものは、実力と裏腹なもんなんだと思う。自分の現在の体力では、これ以上出せそうもないというところまで練習したという自信である」と述べている。また、当時スポーツ科学研究委員会委員長の東俊郎は「もともと根性とは、自信をもつまでの練習をやり続けるための節制、勇猛心、こんなものが混然となってあらわれるものである」と述べている。

このように、根性とは「自信」をつけることであり、根性の養成には徹底的な猛練習が欠かせない要素とされた。座談会では、猛練習によって根性をもたせるために大切なものは「エリートとしての自覚」であるとし、選手たちは選ばれた人間であり、日本の選手の代表で外国の選手と戦うのだという自覚と責任感、誇りがなければならないといわれた。

スポーツ科学研究委員会心理部会の一員であった太田哲男は、一九六四（昭和三九）年の東京オリンピックに備えた選手強化の過程において、「根性養成法のテキストの作成」についての要請があったことにふれ、根性の問題性を述べている。[10]

太田によれば、東京オリンピック選手強化対策本部長を務めた大島鎌吉が、スポーツ科学研究委員会の心理部会に上述のテキスト作成を要請し、心理部会員たちによって資料が作成された。[11] また、テキスト作成において意識されたことは、「根性という既製のイメージを先入観としてもち、それを参照して、個々の選手の価値づけをすることを恐れ」、根性ということばを「独立した固定的なある種の内在的な力として用いるべきではない」[12]としたことである。このことの理由として、太田は以下のような見解を述べている。

「当時は、体力づくりを金科玉条とし、体力という器を大きくすることだけに専念し、一応の体力が形成されたあかつきにそれに魂を注入するという意味から根性ということばが用いだされたからである。また、生理学的見地から理論づけられた体力づくりが、『機械のような運動』に堕し勝ちであったことを、人間形成の一環としての本来の姿に是正させるねらいでもあったのである」[13]

テキストの作成にあたって、それまでの体力主義的なスポーツの実践を批判的に捉え、あくまでも総体としての人間形成ということが念頭に置かれていたといえる。人間形成の一環としての根性つくりという考えについては、大島も雑誌の対談において、同様のことを述べている。

「日本人の持っているポテンシャルを開発してみようじゃないかという気があった。そのためにはトレーニングのやり方とかいろいろ問題があるが、私たちは〝人間つくり〟というコトバを使った。別の人間をつくるのだ。いままでの日本人のスポーツ界にはいなかった別の、もっと次元の高い人間をつくろうじゃないか、というので、〝人間つくり〟といった」(14)

大島が東京オリンピックにおける選手強化を「人間つくり」としたことには、上述のように、スポーツにおける日本人の持っている可能性を追求したいという野心や期待がその根底にあったと考えられている。東京オリンピックにおける競技者の精神的基調としてあげられた根性は、スポーツにおける競技者としての「人間つくり」や「人間形成」の問題として取り上げられたのである。

次に、根性が体育・スポーツの各方面で取り上げられ、いわゆるスポーツ根性論が流行していく状況について検討する。

東京オリンピック開催前には、ハードトレーニングを自ら進んでやり抜く根性のある競技者をスポーツ的人間ととらえ、オリンピック代表候補選手たちの雰囲気が、そのまま社会的な雰囲気となり、トップレベルの競技スポーツに限らず、小学校から大学まで学校スポーツにも及んでいるという見解を確認することができる(15)。このような人間づくりは、自然に形成されるものではなく、「主として運動クラブ指導教官、先輩、部員たちによって絶えず強力に行われる指導によって形成される」(16)ものであると述べられている。スポーツにおける根性は、オリンピックや世界大会の選手となる一流競技者に限らず、学校スポーツ、特に運動部活動における指導にも反映されていったと考えられる。

東京オリンピック後の体育雑誌をみると、『新体育』においてスポーツと根性についての論稿が掲載されており、根性は競技者のみに必要とされるものではなく、社会において困難な状況でも強い意志と実行力で生き抜く力として求められるものであると考えられている。[17]このとき、根性は「道徳的な心の強さ」[18]に読みかえられている。また、『学校体育』でも一九六五（昭和四〇）年の新年号で根性についての論稿を掲載しているほか、一九六八（昭和四三）年には「体育における精神的側面」という特集を組み、根性を取り上げている。これらの論稿では、根性は「精神力」とほぼ並列してとらえられ、「これを心的機能としてとらえ、練習や試合に対する激しい闘志などの一面と自己の意志、感情を統制して運動に対して有効に集中したり、コントロールする作用の一面とを統合した概念」[19]と考えられている。

スポーツにおける根性づくりは、東京オリンピックにおいて競技者の養成および強化のために、選手強化本部、スポーツ科学研究委員会が中心となって考えられた経緯があった。その一方で、オリンピック選手を指導した指導者たちが独自の根性論を展開したことが確認でき、東京オリンピック以降の根性論の流行を後押ししたと考えられる。特に、東京オリンピックで優勝した女子バレーボールチーム「東洋の魔女」を率いた大松博文（だいまつひろぶみ、一九二一～一九七八、第２章で取り上げる）や、日本におけるレスリングの普及に貢献したといわれる八田一朗（はったいちろう、一九〇六～一九八三）が挙げられる。

八田は、根性について「逆境の中にあっても、たえず自己にきびしい態度で、自分に勝つことを体得してきたもののみもつ根強さ、これこそ根性とでもいえるのではないだろうか」[20]と述べている。また、八田によれば、競技者の根性の養成は、わが国のレスリング創設以来唱えられてきたといわれる。八田が提唱してきた意志の鍛錬、忍耐力の養成、自己暗示、寒中水泳、技術の練磨などの競技者鍛錬の方法は、根性を養成する要素であるという。[21]

また、世間でさまざまな根性養成方法が示されているなかで、八田は科学的な研究の上に立って技術が習得され、基礎ができて勝利への自信がつけば、根性は自然にそなわるものであると述べている。つまり「根性づくりは、技術の正しい練磨の上になされなければならない」[22]ということである。

八田はこのように根性の養成について述べたうえで、スポーツ界では間違った根性が横行していると指摘している。八田はこの間違った意味で使用されている根性を、「竹やり根性」「負け犬根性」とよび、以下のように説明している。

「正しい技術の練磨とその実力の苦しい鍛錬を忘れて、精神力だけで、万一の優勝を、期待していたようなところが、日本スポーツ界にはなかっただろうか」

「ちょっと早い者、力のある者の万一の勝利を期待する。万一を頼んでいたずらに精神力をたたき込もうとする。たまたまのフロックで出した記録をもって、その選手を英雄視して、日の丸を期待する」[23]

八田の考える根性とは、勝利のための心身の鍛錬にあるといえる。そこでは、単に精神を鍛えるだけではなく、科学的、合理的なトレーニングを考え（正しい技術の練磨）、実践していくこと（苦しい鍛錬）が必要とされる。東京オリンピックにおける精神的基調としての根性に加えて、大松や八田の展開した根性論は、その特異性ゆえに注目され、受け入れられていったのではないか。なお、八田が指摘している「間違った根性の横行」については、根性が人びとに受容され、流行していく際に誤った解釈・理解がなされていたことを示唆している。

ここまでの考察から、次のようにまとめることができる。根性は、東京オリンピックを重要な契機として、それまでの先天的な性質といった意味や、否定的な文脈における使用から「困難にもくじけない強い性質」、「事を成し遂げようとする強い気力」といった後天的に形成される精神力のこととして、現在の一般的な意味の使用に転換していったことが明らかになった。また、根性は東京オリンピックにおける競技者の精神的基調として考えられ、スポーツにおける競技者としての人間つくりや人間形成の問題として取り上げられたことが確認された。また、スポーツ科学研究委員会によって養成・強化の対象とされた根性は、勝利という目標達成のために精神を集中し、困難に屈せず継続する強固な意志のこととされ、その養成には、ハードトレーニングといわれる猛練習が重視された。以上のことから、一九六〇年代の東京オリンピックを重要な契機とした根性の意味使用の変化が、スポーツ根性論の成立と流行に多大な影響をもたらしたことが考えられた。

3 「根性」の社会への広がり

根性は、東京オリンピックを重要な契機として競技者の養成や強化、その成果としての勝利を追求する意志や精神力として使用されるようになった。他方で、この時期に根性はスポーツ以外の領域でも取り上げられている。雑誌『児童心理』では一九六五（昭和四〇）年五月号で根性について特集を組んでいる。そこでは、根性がスポーツ領域を出て一般社会に及ぼす影響について論じられており、具体的には教育や経済における人間形成・人材育成の有効性および問題点が挙げられ、検討されている。

たとえば、同特集の論稿のひとつでは、社会の急速な変化にともない、先行きが不透明で、目標のみえない状況や人びとの深い無力感、実存的な不安が根性を待望する社会の基礎となっていることが指摘されている[24]。それは、生活と人間性を回復したいという人間的な願いに端を発していると考えられている。この意味で、根性はスポーツ界に特別なものではなく、困難の加速する状況下で粘り強く労働する人びとのなかにも発見することができるとし、スポーツにおける根性を意志の教育、訓育論、意志訓練論に置き換えた考察が展開されている。

別の論稿では、根性が仕事への意欲として捉えられている。また、その意欲をもって成果を出すことで社会の期待にこたえ、社会的価値を生産していくことが根性づくりであると考えられている。[25] さらに、心理学の研究領域において根性が「意志」の概念をもとで説明され、その特徴が以下のように述べられている。

「根性は東洋に生まれたことばで、心理学上の『意志』に含まれる概念であろう。それをわれわれの生活の中からすくい上げて学の対象としてしまうと味気ないものとなり、説明に過ぎなくなる。しかし根性は、われわれ日本人の生活の中にはたらいてきた一つの信念であり、良心でもある。さらに考えるならば、『仏の心』といえるだろう。われわれの祖先の時代における一般大衆にとっては、根性は生活・人生の一つの修養目標であったのではないか」[26]

つまり、根性の性質や特徴に着目すると、それは東洋の仏教に端を発した生きる思想や徳目といった精神性に通底するものであり、人びとの生活のなかで生じてきたものであると考えることができる。それはまた、根性が一九六〇年代に流行したことの理由として説明できるのかもしれない。

さらに別の論稿をみると、東京オリンピックにおける女子バレーボールチーム「東洋の魔女」の優勝が、「根性は後天的に身につけることができるもの」という認識の広がりを後押しし、資本主義社会のなかで生きる原則として拡大解釈され、人間像についての問題と関係をもち、教育の問題と結びついたという見解が述べられている。[27] 同論稿では、根性論の問題を資本主義社会における産業界の要求に応じた人間的な資質の問題に結びつけている。経済審議会の人的能力部会の答申「経済発展における人的能力開発の課題と対策」では、この人間的な資質の問題が明確にされている。

答申では、「ハイ・タレント」「中級技術者」「単純労働者」といった労働力の育成を目指しており、人間としての育成ではなく、労働力としてみなされる人間の効率的な養成が考えられていた。また、特に力点が置かれたハイ・タレントの育成において、「すべてが素質として先天的に備つているのではなく、後天的な経験や努力によつて得られるものも多い[28]」といわれているように、これらの資質は教育によって身につけられるものであると考えられていた。

ところで、東京オリンピック以降に根性が流行したことは、漫画やテレビ、歌謡曲といった大衆娯楽を通じて確認することができる。一九六六（昭和四一）年五月に「少年マガジン」で連載がはじまった「巨人の星」に代表される梶原一騎の作品では、根性を具現化する描写がみられるほか、浦賀千賀子の「アタックNo・1」（集英社）は、大松博文と「東洋の魔女」に影響を受けた作品であると考えられる。歌謡曲に関しては、美空ひばりの「柔」や水前寺清子の「ゆさぶりどっこの唄」、「いっぽんどっこの唄」、「どうどうどっこの唄」、村田英雄の「柔道水滸伝」、山田太郎の「新聞少年」といった歌は根性に通じる内容を示しているといえる。

テレビ番組でも、漫画のアニメ化で「巨人の星」が一九六八（昭和四三）年三月から一九七一（昭和四六）年九月まで放映され、「アタックNo・1」も一九六九（昭和四四）年一二月から一九七一（昭和四六）年一一月まで放映されている。漫画やアニメでは、いわゆる「スポ根」というジャンルが誕生し、上述の作品のほかにも、「柔道一直線」や「サインはV」といった作品が生まれている。

以上のように、東京オリンピックを契機とし、スポーツ界を中心として展開されてきた根性は、一般社会や教育、大衆娯楽においても取り上げられ、その流行が促進されたと考えることができる。

4　スポーツにおける「根性」の成立と社会的な流行の要因

ここまで、一九六〇年代に根性という言葉の意味使用に転換がみられたこと、スポーツにおける根性の成立と展開および経済、社会への波及状況をみてきた。では、なぜ根性は広く流行したのか。以下では、本章の冒頭で示した（2）根性の意味使用が変容したこと、それが一般社会に流行したことにはどのような要因が考えられるか、という課題に取り組んでいく。

課題（2）に取り組むうえでの前提として、根性がどのような時代的・社会的状況で成立することとなったのか、精神史的な背景に触れておきたい。

戦後の高度経済成長が明確な足取りのものとなり、大衆（消費）社会と呼ばれる状況が特徴的に示される一九六〇年代は、戦前の経済水準をこえ、めざましい復興を遂げた時期である。しかし、精神状況についていえば、一九四五（昭和二〇）年の敗戦時からほとんど回復していなかったことが指摘されている。たとえば、一九五九年に発刊された「近代日本思想史講座」第一巻の冒頭において、以下の記述が確認できる。

「経済は戦前の水準に追いつき、追い越したかもしれないが、敗戦によってくずれたわれわれの基本的な価値体系は、元にもどらなかったし、もどらぬことは当然だとしても、それに代る別の価値体系がつくられてもいない。いろいろの選択の努力はあるが、それらは有効に統一化へ向わないで、バラバラに存在している。精神に関していえば、私たちはまだ敗戦の衝撃からいくらも回復していない」[29]

また、一九六〇年代の精神状況に着目するうえでは、一九四五（昭和二〇）年の敗戦による挫折・喪失に新たな地点からたえず立ち返ること、その意味を繰り返し深めていくことが肝要であるといわれている。[30]根性の意味使用の変容と東京オリンピックをめぐる精神状況は、敗戦による挫折・喪失とのかかわりによって捉える必要がある。

以下に示すように、敗戦による挫折・喪失の記憶[31]が、戦後日本の文化的なアイデンティティの構築にとって根本的なものとして存在してきたと考え、この記憶と戦後の一九六四（昭和三九）年の東京オリンピックとの関係について述べられた見解を確認することができる。

「オリンピックという華々しいスポーツの祭典は、戦後の日本社会にとって、スポーツ選手の身体と都市景観を通じて、戦争の記憶を再編し、衛生的で無害なものにする機会となったのである。日本人のより健全な身体イメージと清潔な都市イメージによって、戦後日本は苦しい過去に象徴的な別れを告げた。戦争の記憶は依然として戦後社会とともにあったのだが、それは日本の戦後の繁栄のための必要条件へと、言説のなかで変容されていったのである」[32]

ここでは、一九六四（昭和三九）年の経済的な豊かさと一九四五（昭和二〇）年の破壊とは一対のイメージとして捉えられている。そして、女子バレーボールチーム「東洋の魔女」の旧ソ連チームに対する勝利が、戦時の体験と一九六四（昭和三九）年の日本とを直接結びつける「語り」をより強固なものにしたと考えられている。

「チームの勝利は、最終的に、過去の記憶との一種の和解をもたらした。女子バレーボール選手の傷ついた身体は、過去の記憶が戦後日本に戻るための媒体となった。しかし、その帰還の過程で、これらの記憶は消毒され、日々の訓練を通しての、常なる自己向上のための動機として変貌させられた。選手たちの身体は、戦争の記憶に取り憑かれた場であったかもしれないが、明るく衛生的な空間のなかで、生産管理の力にとらえられた」[33]

上述の見解では、戦争・敗戦の「挫折」と、戦後の日本（特に経済成長下の一九六〇年代）の「復興」とをつなぎとめる媒介項に大松や「東洋の魔女」が位置づけられている。

このことをふまえていえば、東京オリンピックは、戦争における挫折・喪失を想起させたと同時に、高度経済成長下の一九六〇年代における再建・復興の象徴として位置づけることができる。戦後のわが国における国際復帰、高度経済成長の達成といった再建・復興を支えた精神は、上述のように戦争による挫折・喪失体験とのかかわりによって見いだされる。

根性の流行に着目し、その背景にある当時の社会心理を「根性主義」として分析した研究[34]では、民衆思想研究で用いられた「通俗道徳」との比較において、「根性主義」を「通俗道徳の現代版」として捉える可能性が示されている。[35]

「通俗道徳」は、幕末から明治にかけて広汎な民衆のうちにみられた日常的な生活規範、自己規律を中心とした倫理のことをいう。近世後期において、封建権力や商業高利貸資本による過酷な収奪を経済史的な要因として荒廃する村々が続出したといわれ、家や村の没落を克服しなければならないという切迫した状況が、新たな生活態度の樹立、民衆思想の形成という課題に直面させたと考えられている。[36]このような状況下の「通俗道徳」は、精神病理学の視点から行われた考察によれば「執着（性）気質的な職業倫理」[37]に通じるものでもあり、危機からの復興・再建のための倫理と呼ばれるものに符合すると考えられる。

以上のことから、根性の意味使用の変容および根性の流行には、「通俗道徳」や「執着気質的職業倫理」と関連する挫折・喪失の危機からの「再建・復興」の時代精神・社会通念が底流にあったと考えることができる。このことをふまえ、根性の意味使用の変容およびその流行の要因について考察する。

根性の意味使用が変容していく過程には、東京オリンピックを成功に導くためにスポーツ体制が整備され、根性が競技者の精神的基調として戦略的に措定されていったことが確認された。このとき、スポーツにおける根性は競技者としての人間つくりや人間形成の問題として取り上げられた。大島鎌吉の主張に示されていたように、東京オリンピックをきっかけとして、新たに日本スポーツ界のアイデンティティを構築しようとする意図があったことが推察された。

その一方で、産業界の要求に応じた人間的な資質の問題に関連づけた見解では、労働力としてみなされる人間の効率的な養成が考えられていた。経済審議会の人的能力部会の答申では、人間としての育成ではなく、労働力としてみなされる人間、特に力点が置かれたハイ・タレントの育成が問題とされていた。つまり、スポーツ界と経済界（および実生活）の双方において、国際競争に勝利し、目標を達成するための人間つくり・人間形成が問題とされていたのである。

この背景には、実生活においてもスポーツにおいても「成功の方法はどちらの世界でも同じだという考え方」(38)があった。それゆえに、根性という言葉を採用した戦略的意図がそれぞれの発信主体の側で一致していたと考えることができる。

もうひとつの考え方として、実生活における（集団の）実力はスポーツにもあらわれるという「素朴な反映論」(39)が挙げられる。東京オリンピックで優勝した女子バレーボールチーム「東洋の魔女」の母体となった大日本紡績の貝塚工場では、一九五三（昭和二八）年に女子バレーボール部を創設するにあたって、当時の社長の意向が以下のように記されている。

「日紡はこんど、バレーボールを会社の看板スポーツとしてやる方針を立てたのだが、やるからには、絶対に強いチーム、負けないチームにせにゃならん。その強弱によって社運が判断される。どんどん強くなっていけば、世間から、日紡の社運は隆盛とみなされ、弱ければ、衰退の一路をたどっているとみなされる」(40)

上述のように、当時の企業体の実力は、スポーツの実力で評価されうるものとみなされていた。経営に余裕のある企業だからこそ、スポーツに力を入れることができると考えられたのであり、実際に日紡バレーボールチームの歴史を引き継いだユニチカバレーボール部は、不況の影響をうけて二〇〇〇（平成一二）年に休部を発表している(41)。

東京オリンピックにおける「東洋の魔女」をはじめとした競技者の勝利によって、スポーツにおける根性は、当時の時代状況を生き抜くための原則として拡大解釈され、高度経済成長期に求められる人間像に結びつけられたのである。敗戦による挫折・喪失を経験し、困難に耐えて復興を果たし、国際競争を勝ち抜いていく姿を、スポーツが競技者の卓越・勝利を通じて示したといえる。そして「新しい人間的資質」が一九六〇年代の社会に求められたことで、「生まれついた人間の根本的な本質」というそれまでの根性という言葉の意味使用もまた「困難に耐え抜く強い意志」、さらにはそれが後天的に形成されうるという意味使用へと必然的に変容していかなければならなかった。

ここまでの考察から、以下のようにまとめることができる。戦前から戦後のはじめにかけて「こころだて、こころね、しょうね」といった、人間性や人間の本質的な部分、先天的に備わった性質といった意味で、主に否定的な用語とともに使用されていた根性という言葉が、一九六〇年代の社会状況を背景に、東京オリンピックを重要な契機として、後天的に備わる「困難にくじけない強い性質」「事を成し遂げようとする強い気力」というもうひとつの意味で、主に肯定的な文脈における使用へと転換していったことが明らかになった。また、東京オリンピックにおける競技者の精神的基調として養成・強化の対象とされた根性は、勝利という目標達成のために精神を集中し、困難に屈せず継続する強固な意志のこととされ、その養成にはハードトレーニングといわれる猛練習が重視された。もとは先天的な人間性として用いられていた根性という言葉がスポーツに転用されたことで、後天的に形成されるもの・養成できるものと捉えられ、競技者としての人間つくりや人間形成の問題として、一九六〇年代の社会における人間的な資質、人的能力の開発の問題にも結びつけられ、戦略的に推進されていったことが考えられた。一九六〇年代における根性の意味使用の変容には、スポーツ界とりわけ東京オリンピックが重要な役割を果たしたといえるだろう。

5　スポーツにおける「根性」の大衆化とその問題性

(1)　高度成長期以降の社会におけるスポーツ

前節では、根性が成立する時代的・社会的状況、精神史的な背景に触れていた。一九六〇年代の精神状況に着目した際に、一九四五年の敗戦による挫折・喪失に立ち返ること、その意味を深めていくことの重要性が指摘されていた。また、戦後日本の国際復帰、高度経済成長の達成といった再建・復興を支えた精神は、戦争による挫折・喪失体験とのかかわりで捉えられた。そして、このような挫折・喪失の危機からの「再建・復興」の時代精神・社会通念は、「通俗道徳」や「執着気質的職業倫理」と親和的であることが推察され、根性の意味使用の変容および根性の流行の基底要因と考えられていた。

では、成立以降の根性はどのように変容していったのか。以下では、根性の成立と流行のその後についてみていくが、さしあたってその前提となる一九六〇年代以降のスポーツと社会的状況に触れておきたい。

社会学者の見田宗介は、一九四五年の敗戦以降の日本の歩みを振り返るとき、時代の心性の基調色というべきものを三つの時期に分け、それぞれの時期を「現実（リアリティ）」に対する三つの反対語によって特徴化している。[42]具体的には、第一期を一九四五年から一九六〇年頃までの「理想の時代」、第二期を一九六〇年から一九七〇年代前半までの「夢の時代」、第三期を一九七〇年代の中頃から一九九〇年までの「虚構の時代」としている。[43]また、高度経済成長は日本社会の構造を根底から変えたと考え、第一期を「プレ高度成長期」、第二期を「高度成長期」、第三期を「ポスト高度成長期」と位置づけている。本節で着目する東京オリンピック以降の「根性」の変容過程は、上述の見田の見解に即していえば、「夢の時代」から「虚構の時代」へ、「高度成長期」から「ポスト高度成長期」への転換期（変革期）において見いだされる。

「理想の時代」とは、理想を「現実」にしようと人びとが努力した時代であると捉えられる。続く「夢の時代」は、その理想が失われ、人びとが私的・個人的な領域に閉じた夢や願望を現実化しようとした時代と捉えられる。なお、ここでの理想と夢の相異については、理想が政治性・社会性を帯びているのに対して、夢は私的・個人的な性格を帯びていると捉え、区別することができる。そのような理想や夢が消失し、「虚構の時代」へと移っていく。この時代には「現実」の虚構性があらわになり、メディアによる虚構の空間が現実味を帯びてあらわれてくる。

見田によれば、「理想」に生きようとする心性と「虚構」に生きようとする心性は、現実に向かう仕方を逆転している。理想は現実化することを求めるように、理想に向かう欲望は、また現実に向かう欲望であるという。このことから、「理想の時代」はまた、「リアリティの時代」であったともいえる。他方で、虚構に生きようとする心性は、リアリティへと向かうことをしない。一九七〇～八〇年代の日本を、特にその都市を特徴づけたものは、「リアリティの「脱臭」に向けて浮遊する〈虚構〉の言説であり、表現であり、また生の技法」[44]であったといわれる。

上述のような戦後の社会における心性の特徴とその変遷をふまえて根性の変容を考えるとき、次のような仮説的な見方ができるのではないか。つまり、根性の成立期である一九六〇年代は、見田によれば「理想の時代」から「夢の時代」への転換期に該当する。社会性・政治性を帯びた根性という理念型が、一流競技者やハイ・タレントによって現実化された時代から、より多くの人びとに共有され、流行するなかで、人びとが個々にそれぞれの私的な領域で夢や願望を現実化しようとする時代への推移とともに変容していったのではないかと考えられる。

では、根性は具体的にどのように変容していったのか。以下では同時期のスポーツ領域の状況を確認していく。

一九六四年の東京オリンピックに向けたスポーツ体制が確立していった背景には、選手強化、競技力向上を中心としたスポーツの高度化が指向されていたことはすでに指摘していた。その後、限られた一流競技者だけではなく、多くの人びとのスポーツ参加・実践に対する要望が高まったといわれ、スポーツの大衆化が指向されていく。日本体育協会（現・日本スポーツ協会。以下「日体協」と略す）をはじめとした行政組織も大衆へのスポーツ振興を企図し、一九六〇年代後半から一九七〇年代にかけていわゆる「一億総スポーツ」運動が展開されていく。[45] 大衆のスポーツ要求が若年層を中心に急速な高まりをみせた根拠、契機については、以下に挙げられるような見解を確認することができる。

① 高度経済成長のもとで大衆の健康破壊が増大したこと

産業構造の変化にともなって、働く人びとの勤労環境が悪化し、公害の発生などによって健康面が問題視されていった。

② マスメディア、特にテレビの普及

テレビは、東京オリンピックを契機として普及率が高まったといわれ、大衆のスポーツに対する関心と要求を刺激した。

③ 一九六一（昭和三六）年のスポーツ振興法の成立

大衆へのスポーツ振興をめざすことが第一条・第三条の条文にあらわれていたように、はじめてのスポーツを対象とした法律であるスポーツ振興法は、大衆へのスポーツ要求を高める役割を担った。

④ 基本的人権、人間の尊厳の自覚が国際的に促進されたこと

一九六〇年代以降、アジア・アフリカ諸国で多くの植民地の独立が達成され、わが国においては、日米安全保障条約の改定をめぐって国民規模の闘争が起こったことに示されるように、人びとの間に権利や尊厳が強く意識された時期であった。[46]

上述の見解を根拠、契機とした新日本体育連盟の結成や、高まるスポーツの大衆化への機運のなかで打ち出された一九七二（昭和四七）年の保健体育審議会答申[47]は、戦後初の体系的なスポーツ政策であったといわれる。

　このような政策や制度的な変化をふまえ、スポーツ実践の精神状況に着目すると、近代スポーツにおいて支配的な思想として位置づけられてきたアマチュアリズム[48]およびアマチュア・スポーツの解体とプロフェッショナル・スポーツ（以下「プロ・スポーツ」と表記）の隆盛が、スポーツ界に大きな変化をもたらしたことが考えられる。

　一九七二（昭和四八）年の冬季オリンピック札幌大会において、オーストリア出身でアルペンスキー選手のカール・シュランツがアマチュア規定違反で選手村を追放された。スキー界では、商業資本が競技力向上と密接に結びつきはじめており、札幌大会の前年の一九七一（昭和四六）年五月の国際スキー連盟総会で商品の授受や商標に関連した改革案を出し、国際オリンピック委員会（以下「ＩＯＣ」と表記）のアマチュア規定と対立していた[49]。

　スキー界の例からうかがえるように、時代状況の変化に対して従来のアマチュアリズムを厳守することに限界がみえはじめ、その後一九七四（昭和四九）年一〇月の第七五回ＩＯＣ総会において、ＩＯＣ憲章から「アマチュア」の文字が削除されることとなった。このようにして、各競技連盟の規則の範囲内で競技者の金銭授受が認められることとなった。

　ＩＯＣは何故、実質的に遵守されなかったアマチュア規定を掲げ続けてきたのか。その理由について、以下のような見解が確認できる。

①近代オリンピックの創始者といわれるクーベルタンが競技スポーツを教育の手段として位置づけていたことから、オリンピックが個人の経済的利益を得る場となることは不適切であると考えられた。

②教育としてのオリンピックを主張することは、競技スポーツを世界規模で振興していくうえで重要な役割を

果たしたと考えられている。国家的公共事業としてのオリンピックという立場から金銭的授受の発生しない、潔癖性が競技スポーツおよび競技者に求められた(50)。

アマチュアリズムの崩壊をもたらしたものは、上述のようにアマチュアリズムを成立させてきた社会的文脈の変化であるといえる。この変化をもたらした要因として、スポーツ振興の中心的な主体が国から民間へと移行したことが考えられる。一九八四年のロサンゼルス大会からオリンピックが民営化され、ビジネスとして成功を収めたことは象徴的である。なお、オリンピックが民営化され、ビジネスとなったことには、マスメディアの急速な発達と普及が大きな要因として考えられる。

このように、近代スポーツにおいてこれまで支配的な思想とされてきたアマチュアリズムは、一九七〇年代からその限界をみせはじめ、同時に台頭してきた資本主義、商業主義の論理がプロ・スポーツの隆盛を準備したといえるだろう。近年では、「プロ・スポーツこそが、スポーツ文化の開拓、普及・発展の上で、きわめて大きな役割を果たしてきた。むしろアマチュアリズムはブレーキを掛けてきたのではないか(51)」というプロ・スポーツ論が展開されている。

アマチュアリズムの限界が顕在化していくとともに、新たに成立し普及していったのが「生涯スポーツ」という理念である。生涯スポーツが成立した経緯については、以下のような記述を確認することができる。

一九六五(昭和四〇)年にパリで開催された第三回成人教育推進国際委員会で、ポール・ラングランが「生涯教育」の理論を体系的に示した。「成人教育は補充教育という考えから継続教育という考えへと移行し、現代では生涯教育という考えに基づかなければならない」と主張、学校教育と社会教育の統合を基本原理として提言した。上記の考え方は学校教育にも取り入れられ、学校体育においては「生涯体育」として一九七〇年代以降広がっていった。さらに、多様化への対応・個性の重視が求められたことから、「体育」という用語のもつ教育的意味合いの強さを排除する意味で「生涯スポーツ」という語が用いられるようになった(52)。

上述のように、生涯スポーツという理念は一九六〇年代後半から一九七〇年代はじめにかけて成立し、普及していったことが考えられる。しかし、理念として首肯される点はあるものの、実践のレベルに移行するうえで課題が指摘されている(53)。生涯スポーツの普及・定着状況や課題についてここでの詳述は避けるが、本章で付言しておきたいのは、生涯スポーツの成立が意味するところである。

当該用語の素朴な意味としては、生涯にわたって実践されるスポーツ行為のことをさしている。それは、健康の保持・増進や、自己実現・生き甲斐、これらを支援する制度の構築といった観点で語られる。すでにみてきたように、日本では勝利至上主義的なスポーツのあり方が問題とされ、スポーツへのかかわり方の多様性が長く認められてこなかったといえる。この意味で、生涯スポーツは勝利至上主義的なスポーツのあり方を相対化する理念として捉えることができるのではないか。

(2)　スポーツ「根性」に対する批判的な見解の生起

前項で概観した時代・社会状況において、スポーツにおける根性は批判的に取り上げられるようになる。以下では、歴史・社会学者らによる論説を取り上げる。

関春南は、スポーツにおける根性について以下のような見解を述べている。

「結局、スポーツにおける〝根性〟とは、いい換えると、どんなに苦しいことでも、しかもどんな不合理なことでも、上の者に従いじっと耐えしのび、頑張ることのできる精神力（傍点ママ）にほかならなかったのである。この〝根性〟は、試合に〝勝つ〟ことを絶対的な権威として君臨させることから必然的に要求されてきたものであった」(54)

関は、上述のことにかかわって、一九六五年に起こった農大ワンダーフォーゲル部のしごき死事件や、（第3章で取り上げる）円谷幸吉の自死を象徴的な事例として挙げている。その「非人間的・反民主主義的性格」が、当時のスポーツ界の体質や理念と不可分の関係で生み出されてきたものであると捉え、根性の問題性を指摘している。

森川貞夫は、根性を「日本人好みの精神主義的色彩のつよい言葉」として捉え、以下のようにスポーツにおける根性としごきの問題に言及している。

「根性＝しごきではなかったはずだが、根性がもっている『耐え忍ぶ精神の力』の意は、いかなる困難や苦しさにもめげず、努力し、立ち上がる人間の姿を理想的に描くにとどまらず、勝利＝出世を至上のものとし、何が何でも勝とうとする、勝たせようとする勝負への執着そのものをも美化していく。結果的には、スポーツの世界での勝利至上主義と根性主義がしごきを生みださせている」(55)

上述の森川の見解と関連して、城丸章夫は、以下に引用するように軍隊的秩序と精神主義に言及しており、強者が弱者に向けて無限の服従を要求する道具として「責めたてる精神主義」(56)とよび、他の精神主義と区別している。

「わが国の学校は、明治のはじめから、兵営をモデルとして作られ、軍隊風のやり方が教科の授業といわず、採用されていたから、スポーツと軍国主義とはきわめて結びつきやすかったということができる。しかし、これを決定的にしたのは、学校内の生徒間の関係に軍隊内の階級秩序をとりいれ、下級生は上級生に服従するという身分的関係を導入することによってである」(57)

なお、城丸によって明言こそされていないものの、上記の「責めたてる精神主義」は、根性論あるいは根性主義として捉えることができる。

その他にも、スポーツにおける根性主義が勝利至上主義と結びついて方法的・技術的な観念として機能しているという指摘があり、そこには非民主的な実践の場が前提され、また非科学的な指導が反映されているという。この意味で、根性主義はトップアスリートといわれる一流競技者に対してよりも、技術の向上に対する方法や理解が不十分なレベルの実践（中学・高校の運動部活動、ユーススポーツ等）に対してイデオロギー効果を発揮するものであると考えられている。(58)

以上のように、東京オリンピックを契機として成立したスポーツにおける根性に対して、一九七〇年代以降では批判的な見解が確認された。そこからは、スポーツにおける根性が体制側から意図された「強制する精神主義」とみなされ、しごきや暴力をともなった非民主的な指導や受動的な忍従をもたらしたことが考えられる。さらに、根性は戦前の軍隊的な秩序を背景とした実践を支えた精神と同様のものとされ、それが戦後においてもスポーツの実践の場に見いだされることが指摘されている。こうして「無理なトレーニングもスパルタ的な指導も勝つという目標によって正当化され、それが受容できないのは根性がないからだ、という理屈」[59]が成立することとなる。

(3) 紙面にみるスポーツ「根性」の変容

上述のスポーツにおける根性に対する批判的な見解をふまえ、本項では新聞記事[60]を中心として、スポーツ根性論が一九七〇年代以降どのように捉えられてきたのかをみていく。

通覧してまず気がつくのは、スポーツにおける根性が前時代的なものとして否定され、後景化しているということである。たとえば、当時日本オリンピック委員会（JOC）の総務主事を務めた岡野俊一郎は、「根性だけでは勝てない」「根性論が幅をきかせたことが、日本のスポーツを弱くした。人間と人間の勝負は総合判断力の問題であり、〝がんばリズム〟ではない」（日経産業新聞一九八三年四月二〇日付）と述べている。また、次のような記事も確認することができた。

「人々のスポーツに対する関心が柔軟かつ幅広くなり、その分、スポーツライフが豊かになりつつあるわけである。ようやくにして、長らくわが国のスポーツ界の精神的支柱となってきた〝根性論〟の呪縛（じゅばく）からの解放が、今、現実化し始めている」（日本経済新聞一九八六年一二月六日付）

「あのころは、根性という二文字がすべてでしたね」「あのころの野球には、科学の力の字もなかった。根性、根性ですよ。でも不思議と辞めて行く者はいなかったですね」

「そして、いま。グラウンドからは『根性』の二文字が消えた。坊主頭がいや、というだけで野球部に入部しない中学生球児が増えた。「根性だ、という一声で子供たちを引っ張れたのは、東京オリンピックのころ

まで」と、古参監督の一人はいう」（朝日新聞一九八八年七月八日付）

上に挙げた記事のほかにも、スポーツにおける根性が現代の実践・指導のなかで影響力を失いつつあることや、現代の多様な価値観を考慮に入れつつ新たな実践・指導を展開する必要性が指摘されている。このように、スポーツにおける根性は過去のものとされ、スポーツ観の多様性が求められている様相を見取ることができる。それは一般的なスポーツ場面に限らず、オリンピック競技をはじめとした国際大会においても同じ様相を呈しているといえる。

オリンピック競技におけるメダルおよび競技者がメディアによってどのように描かれているのかを物語の観点から明らかにするために、一九五二（昭和二七）年ヘルシンキ大会から二〇〇八（平成二〇）年北京大会を報じた朝日新聞の記事内容を分析した山本教人は、一九七〇年代までのオリンピック競技者のメディアイメージは、すぐれた根性の持ち主であり、超人的な存在として捉えられていたことを指摘している。[61] しかし、一九八〇年代以降の競技者像には変化がみられる。たとえば、アルベールビル冬季オリンピックにおける日本代表選手の活躍について報じられた以下の記事では、根性のイメージとは異なる競技者像が示されている。

「伊藤（みどり：筆者注）、橋本（聖子：筆者注）の強じんな精神力はすばらしく、感動的である。『執念』『根性』『努力』の見出しがぴったりの頑張りは、我々に敬愛の念を抱かせる、しかしこのようなタイプの選手が少数派となり、五輪、スポーツを楽しむ向きがふえているのは事実だ」（日本経済新聞一九九二年二月二六日付）

「（スキー複合の荻原健司（元選手）のインタビュー：筆者注）勝って泣くなんていう感覚はまったくなく、とにかくバンザイ、バンザイ……。ヒーローは根性物語から誕生するもの、というのが日本人が抱くイメージでしょう。ちょっと違うんじゃないの、という考えもあって、その図式を破ったらどう反応するのかな、という興味はちょっとありましたね」（日本経済新聞一九九八年一一月一一日付）

上に挙げた記事では、代表選手が顔に日の丸をペイントし、手にした日章旗を打ち振りながらゴールする姿は、根性に象徴されるようなスポーツのあり方を一新する象徴的な出来事であったと報じている。

野球界においても、これまでの根性に反映された競技者像の変容について指摘した記事を確認することができる。

「ベンチではどっかりと腰を下ろし、余裕しゃくしゃくの表情。打席に入っても守備についても淡々としている。「努力」や「根性」という言葉がもてはやされるスポーツ界でも、落合選手（落合博満、当時：筆者注）にはそうした言葉が似合わない」（読売新聞一九九四年五月一日付）

「プロ野球ではオリックス・ブルーウェーブのイチロー選手（当時：筆者注）がすい星のように現れ、二〇〇本安打、打率四割に挑戦したのがそうだし、将棋の世界では羽生善治棋聖が史上二番目の若さで新名人になったのもそうだ。二人の外見に共通しているのは、努力、根性の二文字があてはまらないことだ。わりと無造作に大記録を達成してしまう。まゆにしわを寄せ、緊張感のかたまりのようではけっしてない。あくまでもさわやかに先輩たちを追い越し、伝説を築いていく。とはいえ、大舞台で持てる力を存分に発揮するには、陰の努力が必要だ。その努力の部分を見せないのが、二人をはじめ新・新世代のヒーローたちだ」（毎日新聞一九九四年一一月二九日付）

上述の記事が示しているように、一九九〇年代には、それまでの「努力」「根性」ではなく、爽やかさや競技を楽しみ、そのうえで優れたパフォーマンスをみせる競技者像がイメージされている。

このような変化はスポーツ漫画をはじめとした大衆文化にもみられる。一九八〇年代以降、「スポーツ・根性もの」といわれるジャンルの隆盛に翳りがみえ始めたことが指摘されている。かつては一九六〇年代後半よりスポーツ漫画が一般的になり、「巨人の星」などは代表的な作品であったといえる。しかし、夏目房之介は著書『消えた魔球』において、一九七〇年代後半から「スポーツ＝熱血＝根性＝友情＝努力＝青春ドラマ＝少年漫画という図式」[62]が冷めた目でみられるようになったと述べており、一九八〇年代以降のスポーツ漫画の変質を「熱血を笑う時代の到来」[63]と表現している。このようなスポーツ漫画の変質については以下の記事でも指摘されている。

「オイルショック以降は、様相が一変する。代表作品は『キン肉マン』である。プロレス物語なのだが、主人公のキン肉マンは、ドジで弱いレスラーで、強敵を前にして、いろいろと理屈をつけては逃げ回る。……スポコンものから、お笑いものへの変化、『巨人の星』から『キン肉マン』への変化は百八十度の方向転換といえる」（日本経済新聞一九八七年九月一二日付）

「『巨人の星』『アタックNo・1』『サインはV』などかつての人気作品は、超人的なヒーローが悲壮感を漂わせて特訓。まさに熱血、ど根性という言葉が似合う内容だったが、新作にこの種のものはあまり見られない」「手の届かない『あこがれ』から『共感』の世界に変わってきたスポ根もの。スポーツの厳しさや楽しさ、友情の尊さ、夢などを描くという原点は変わらないが、視聴者を引き付ける路線の模索はさらに続きそうだ」（読売新聞一九九六年九月二日付）

上記のように、一九六〇年代を契機として根性の定着を後押ししたと考えられたスポ根漫画の性質は、一九八〇年代を過ぎると、様相を異にしはじめたことが確認できる。

また、この時期にはスポーツ指導や実践において、根性と科学が対立項として挙げられており、スポーツを科学的に捉える見方が一般的に普及しつつあると推察することができる。たとえば、読売新聞の社説では以下のように述べられている。

「これまで、わが国のスポーツ界は、指導者の体験をもとに、猛練習で根性をたたき込むという精神主義が先行し、科学的な考え方は軽視されがちだった。科学的練習法は、体力に無理を与えず、能力を効果的にひき出す。理にかなった鍛錬は選手寿命を長持ちさせるはずだ。この考え方を、国民レベルに広げれば、長寿社会を健康に生きる『楽しいスポーツ』のあり方にも、多くのヒントを与えてくれるに違いない」（読売新聞一九八七年三月二四日付）

スポーツを科学的に捉えるということに関連して、スポーツにおけるメンタルトレーニングの導入に触れた記事を確認することができる。

「これ（メンタルトレーニング：筆者注）は、「心・技・体」の「心」の部分を科学的にトレーニングすることで、毎日の練習で培った技術や体力を最高度に発揮し、徹底的に勝つ可能性を高めようとする方法のことだ。日本では、いまだに「根性や気合で勝つ」という考え方が根強く残っているが、この精神面をより科学的、効果的、合理的にプログラム化してトレーニングしていく時代になったことを認識しなければならない」

（毎日新聞大阪版一九九九年三月六日付）

「殴る、たたくはひと昔前にはやったスポーツ根性漫画の世界だ。ぼくらの世代はこれで育った。社会には依然として体罰を肯定する主義がはびこっている。たたかれて成長する、という非科学的な手法が通用している。指導者はスポーツ科学や医学についてもっと学ぶべきではないか」（朝日新聞一九九九年一一月二日付）

メンタルトレーナーによる著書では、一九九〇年代以降、欧米諸国でメンタルトレーニングが急激に盛んになったことにふれ、メンタルトレーニングには、はっきりとした根拠があり、方法論も論理的に備わっているが、従来の根性論はその点が不明瞭であったと考えられている。しかし、根性論がすべて否定されるものではないとし、以下のような見解が述べられている。

「メンタルトレーニングと根性論は、切り離して考えるべきものではありません。メンタルトレーナーは、その選手が精神面で足りないものを補うのが仕事です。その際、従来の根性論で実践されてきたうさぎ跳びや、長時間の正座を活用することもあります。ただ、それに明確な意味と目的をもたせることが、前近代的な根性とは一線を画すところであり、それこそが、メンタルトレーナーが提供できる根性論なのです」(64)

また、スポーツドクターによる著書では、現在の高度化した競技スポーツの世界で「ただ耐えて我慢して頑張って気合いを出しているだけでは、決して世界の大舞台では勝てないし、活躍などできない」(65)ことが広汎に認識されるようになってきていると述べられている。そこでは、耐えれば良いことがある、我慢することが美徳だとする根性が「旧根性」とされ、新しい根性を身につける必要性が説かれている。(66)

このように、一九七〇年代以降のスポーツにおける根性は、東京オリンピック前後のそれとは異なる捉え方や、語用・文脈に変容がみられた。これまで一流競技者は「優れた根性の持ち主」であったが、近年では根性ではない新たなイメージで捉えられるようになっている。このことに呼応して、スポーツにおける根性の流行を後押しした「スポ根」ものの漫画やテレビ・アニメも、かつての人気はなく、新たなジャンルのスポーツ漫画・アニメが生み出されていった。これは、時代や社会の推移に伴って若者が求めるヒーロー・ヒロイン像が変容したと考えることができる。また、スポーツにおける根性は科学と対照的にとらえられ、非合理的な根性論よりも、科学的な根拠に基づいたトレーニングを求める風潮が確認された。

6　スポーツにおける「根性」と〈勝利至上主義〉の関係性

前節で確認したように、一九六〇年代に成立・流行した根性は、それ以降に批判的な言説をともなって取り上げられるようになった。スポーツにおける根性は、どんなに苦しいことでも、しかもどんな不合理なことでも、上の者に従いじっと耐えしのび、頑張ることのできる精神力にほかならなかったということや、スポーツにおける根性としごきや体罰、暴力を伴った指導の問題とを結びつけた見解が示されていた。また、体育・スポーツにおける根性の生成は戦前の軍隊的秩序と深くかかわっており、現代の根性はそのような性格を残しつつ、勝利至上主義と結びついていることが指摘されていた(67)。以下では、スポーツにおける勝利至上主義という用語の成立および定着過程に着目し、当該用語が使用されることの意味とスポーツにおける根性との関係性を明らかにしたい。

二〇一五年に出版された『二一世紀スポーツ大事典』(68)には、「勝利至上主義」の項が確認でき、スポーツの用語として認識されていることが確認できることから、同用語は現在では一般的に普及している言葉であると考えられる。また、雑誌や紙面などでも同語表記で用いられていることが確認できる。

しかし、スポーツの学術研究領域や批評空間において議論された勝利至上主義と、社会一般に受容されていった同用語とのあいだには、それを用いることの文脈的相異があると考えられる。新聞記事検索において「勝利至上主義」の初出年を調べてみると、概ね一九八〇年以降であることが確認できる。他方、スポーツの学術研究領域や批評空間では一九六〇年代末から一九七〇年代初期にかけて近代スポーツ批判が展開され、勝利至上主義的なスポーツのあり方が批判的に捉えられるようになった。ここでは、社会一般に受容されていった一九八〇年代以降の勝利至上主義を〈　〉で括り、それまで学術的、専門的な立場や文脈で用いられている勝利至上主義と区別して表記する。

各紙の記事データベースを用いた検索(69)によると、〈勝利至上主義〉が一般的に使用されるようになるのは、一九八〇年代以降であったことがわかる。「勝利主義」という語が昭和初期に散見されるものの、現在にいたるまで一般的に使用されてはいなかった。

記事内容をみていくと、主に学校スポーツ、運動部活動に関連したものが多く、勝利に固執し、教育的な配慮が欠けた指導に対する批判的な意見が中心的であった。たとえば、以下のような記載が確認される。

「国民的なスポーツブームが学校の部活動に波及、運動部の中学生の中には練習に追われて勉強どころか、家族と話す暇もない子もいる。練習も試合に勝つため、レギュラークラスに主力を置く勝利至上主義に陥りがち。部活動本来の姿とは違うとの声もあがり始めている」（毎日新聞一九八八年一〇月一一日付）

「学校スポーツや少年スポーツの「勝利至上主義」は、何も野球に限ったことではない。いろいろな分野で、勝ちに走る例はかねてから指摘されている。少年期は、総合的に基礎体力をつけなければならない時期なのに、発育段階を無視したやり方も目立つ。（中略）練習のし過ぎや、種目特有の技術の習得に傾き、ひざやひじの軟骨を傷める例が後を絶たない」（読売新聞一九九二年八月一八日付）

「（全国高校野球での星稜・松井秀喜選手に対する五打席連続敬遠について）確かに今回の行為だけを取れば、そういった声が多いのもうなずける。しかしながら、今の高校野球は、それ自体がすでに勝利至上主義ではないだろうか。都道府県の代表といいながら、代表校の中には地元の出身者がほとんどいない高校もあると聞く。選手全員が地元出身者で占められている高校は何校あるのだろうか。選手ばかりか監督までが引き抜きに合うのが、今の高校野球である。チームを作る段階から始まっている、そうした勝利至上主義の一端が、甲子園という最終的な舞台で、我々の目に触れたのが今回の出来事であり、決して起きておかしくないことである。高校野球の在り方を見つめ直す時にきていると思う」（朝日新聞一九九二年八月二一日付）

上述の学校スポーツや運動部活動に限らず、オリンピックをはじめとした国際大会の在り方やプロ・スポーツに対しても同様に批判的な言述が確認され、ドーピングや暴力行為をはじめとしたスポーツにおける倫理的逸脱行為の要因として〈勝利至上主義〉が挙げられている。このような見解は、既述のスポーツ倫理学研究領域における議論・見解を裏づけるものといえる。

新聞記事の内容から、〈勝利至上主義〉が使用されることによって、過度なトレーニングによってスポーツ障害をもたらすことや体罰・暴力行為などにつながること、人間形成・教育的価値と対極的な位置づけがなされること、そして、スポーツの在り方が相対化され、スポーツを「楽しむ」というプレイ的な要素の重要性が示唆されることが確認できる。

なお、ほとんどの記事が〈勝利至上主義〉をスポーツがもたらす弊害として否定的に捉えているなかで、近年では以下に示されるような〈勝利至上主義〉を単純に否定することに疑義を呈す内容も散見される。

「勝利至上主義などと批判も多いが、選手たちは甲子園出場という目標を達成するため、グラウンド外でも真剣に取り組んでいる。勝ちにこだわるからこそ、真剣な姿勢が生まれ、学ぶことも多い」（朝日新聞二〇〇一年七月一一日付）

「スポーツの「勝利至上主義」が暴力を誘発するかのような議論があるが、これはおかしな話だ。というより、間違った解釈だ。選手を勝たせたいと願う「真の勝利追求」ならば、絶対に暴力を振るわないからだ。勝利よりも選手が自分の指示に従うことを優先するから指導者が暴力を振るうのだ」（読売新聞二〇一三年二月六日付）

上述の見解は、厳密に「勝利」と「勝利の追求」を分けて捉えており、勝利の追求自体は問題にはならないという、スポーツの倫理学的研究領域における見解に沿うものであるといえる。序章でみたように、勝利至上主義ではなく「勝利の追求」であれば、フェアプレイをはじめとした教育的価値との共存は可能であると考えられる。とはいえ、新聞記事をはじめメディア言説の多くは両者を対極的に捉えている。

スポーツにおいて〈勝利至上主義〉が使用される文脈には、「勝利のためには手段を選ばず、勝利を得ることを最優先させる」駆動的な側面よりも、その弊害や問題性への注意を喚起し、規制するような意図が込められていたといえる。また〈勝利至上主義〉は、一九七〇年代から一九八〇年代前半にかけて、それまでのスポーツのあり方が反省的にとらえられ、「近代スポーツ批判」として前景化してきた際に、キー・タームとして成立した

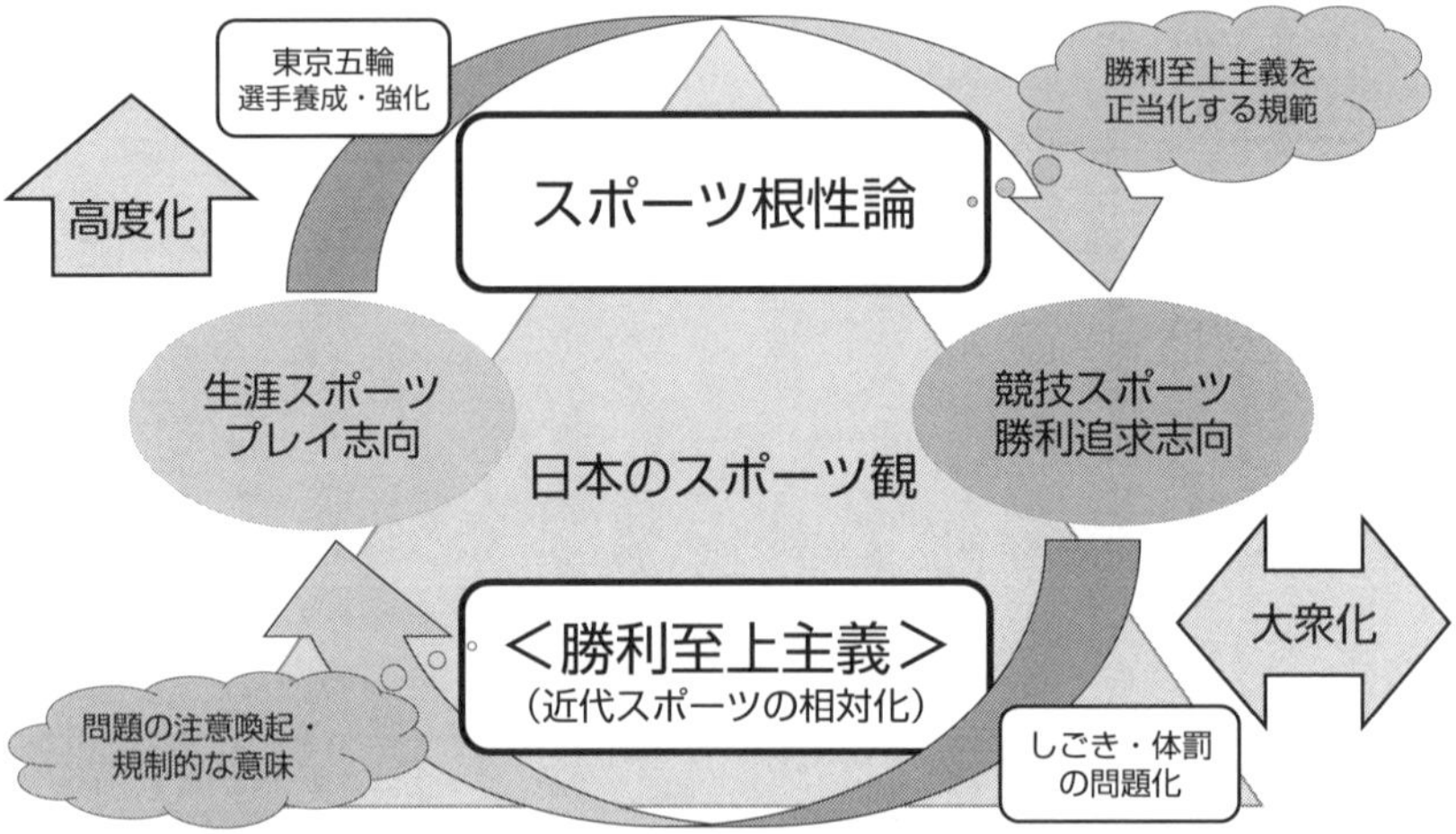

図　〈勝利至上主義〉の生成およびスポーツ根性論との関係構造

といえる。また、言葉そのものが近代スポーツ批判を内包しており、常に、すでに規制的な性格を有しているといえる。〈勝利至上主義〉は、近代スポーツを相対化し、新たな論理・構造を備えたスポーツが構想されるような組換装置として機能すると考えられる。それは図のように構造化することができる。

上述の内容をふまえ、スポーツにおける根性との関係について次のようにまとめることができる。根性は、東京オリンピック以降に大衆化していくなかで、勝利至上主義を正当化する理念として効力を発揮し、しごきや暴力をともなった指導や受動的な忍従をもたらしたと考えられる。このときスポーツにおける根性は、勝利至上主義的風潮のもと、徹底した競争や勝利の追求のなかで閉塞状況に置かれた際に、競技空間からの離脱や中断・切断を規制し、継続・接続を促すコード（規範）として機能すると考えられる。この点にスポーツにおける勝利至上主義との関係性が見いだされる。

注

（1）坂上康博（二〇〇一）『にっぽん野球の系譜学』青弓社。

（2）国語辞典の内容については、以下の辞典にあたり、内容の検討を行った。なお、本文中で引用した辞典の記載内容は原文のまま示している。

（発刊年順）

「言海」（一八八九）、「日本大辞林」（一八九四）、「辞林」（一九〇七）、「大日本国語辞典」（一九一五）、「大言海」（一九三二）、「広辞林」（一九三四）、「辞苑」（一九三五）、「言苑」（一九三八）、「明解国語辞典」（一九四三）、「言林」（一九四九）、「広辞苑」（一九五五）、「新言海」（一九五九）、「広辞苑（第二版）」（一九六九）、「日本国語大辞典」（一九七三）、「広辞苑（第三版）」（一九八三）、「広辞苑（第六版）」（二〇〇八）

（3）日本国語大辞典第二版（二〇〇一）の「語誌」によれば、「根性」は本来仏教語であり、好悪のいずれの印象も伴わない言葉であったが、次第に悪い意味を伴ったかたちで用いられ、それが現代にまで続いているといわれている。その一方で、スポーツや教育とのかかわりにおいて、悪い「根性」を鍛え直すという観点がおこり、鍛えられた「根性」から、「根性」自体が好ましい意味で用いられることとなったと説明されている。（ジャパンナレッジプラス「日本国語大辞典」(http://www.jkn21.com/body/display/)

（4）新聞記事検索については、以下の朝日新聞と読売新聞のオンラインデータベースを使用した（キーワードは「根性」を入力した）。また、検索範囲は国語辞典の内容との照応を考慮に入れ、明治期の両紙の創刊から昭和期まで（一八七〇年代から一九八〇年まで）とした。

・朝日新聞「聞蔵Ⅱビジュアル」http://database.asahi.com/library2/

検索結果　三四五件（一八七九年～一九八〇年）

・読売新聞「ヨミダス歴史館」https://database.yomiuri.co.jp/rekishikan/

検索結果　六〇八件（一八七五年～一九八〇年）

（5）新聞記事における「根性」の意味使用の転換は一九六〇年代はじめごろであったのに対して、辞書の記載において変化が確認されたのは一九七〇年代はじめごろであった。この時間的差異については、「根性」の意味使用の転換が確認され、辞書に採録されるまでには一定のタイムラグが生じていたと考えることができる。

（6）東京オリンピック選手強化対策本部（一九六二）「いわゆる「根性」について（座談会）」『ＯＬＹＭＰＩＡ』三（三）、二～一〇、二頁。

（7）スポーツ科学研究委員会編（一九六五）「東京オリンピックスポーツ科学研究報告」、二二頁。

（8）同上、四九五～四九七頁。

（9）東京オリンピック選手強化対策本部、同上、二～一〇頁。

（10）太田哲男（一九六八）「スポーツと根性」『体育科教育』一六（六）、四四～四五頁。

（11）大島が選手強化に根性を導入した理由については、読売新聞の記事において以下のように述べられている。「試合で選手の能力をフルに発揮させるのは結局のところは、強い意志の力による。精神力だ。そのことは経験的にはわかっていたが、それをどうやって、選手たちに理解させるかが問題だった。それには、感情にうったえるのが早道だ。根性ということばがぴったりだと思った」（読売新聞一九六五年三月三日付）

（12）太田、前掲書、四五頁。

（13）同上、四五頁。

（14）大島鎌吉・東海林武雄（一九六四）「秒読みに入った民族の祭典（対談）――特集・技能五輪の成果と今後の課題」『経営者』一八（一〇）、六四～六九、六五頁。

（15）丹下保夫（一九六三）「体育技術と運動文化」大修館書店、一五二～一五四頁。

（16）同上、一五二頁。

（17）高橋亀吉（一九六四）「スポーツと根性について」『新体育』三四（一一）、一三〇～一三五、一三〇頁。

（18）同上、一三一頁。

（19）浅川正一（一九六八）「体育の学習と精神力」『学校体育』二一（六）、二二～二五、二二頁。

（20）八田一朗（一九六五）『勝負根性』実業之日本社（実日新書）、一五頁。

（21）八田一朗（一九七一）『闘魂と根性』恒文社、一三四頁。

（22）同上、一三六頁。

(23) 同上、一三七頁。
(24) 春田正治（一九六五）「根性を育てる教育」『児童心理』一九（五）、二四～三一頁。
(25) 具体的には次のように述べられている。「1根性は仕事への欲であり、根性づくりとは欲づくりである。2根性づくりの意義は、社会の期待にこたえ、社会的価値を生産する。3根性を発見する方法は、困難な条件を与えることである。4社会的価値のある目標に向かって強い欲求をもつことが高い根性である。5個々の失敗・成功よりも「生きがい」といった報酬を重視する。すなわち瞬時的な行動ではなく、時間のかかる長い過程をもった行為を対象としている。6根性なしは、仕事からの逃避の欲と目標放棄と考える。7根性の訓練は「すべきであるから……する」という動機を養成することである」本明寛（一九六五）「根性の心理学」『児童心理』一九（五）、一～一四、一～二頁。
(26) 同上、一三頁。
(27) 杉山明男（一九六五）「根性論と現代社会――根性論を必要とする社会的背景」『児童心理』一九（五）、一五～二三頁。
(28) 経済審議会編（一九六三）「経済発展における人的能力開発の課題と対策――戦後教育改革構想Ⅰ期八」日本図書センター、二一頁。
(29) 竹内好（一九五九）「講座をはじめるに当って」家永三郎編『近代日本思想史講座1　歴史的概観』筑摩書房、一～一二、二頁。
(30) 見田宗介（一九六五）『現代日本の精神構造』弘文堂、一四〇～一四一頁。
(31) 五十嵐（二〇〇七）は、戦後日本の歴史を背景として、過去を想起するプロセスの検証を行ううえで、「記憶」を歴史の不可分な一部として認め、歴史という概念そのものの再検討を試みている。五十嵐は、過去を再構築しようとした多くの試みを、戦後日本の文化的な言説空間にたどり、過去を記憶するなかで敗戦による「挫折・喪失」が中心的な位置にあることを明らかにしている。五十嵐惠邦（二〇〇七）『敗戦の記憶――身体・文化・物語一九四五～一九七〇』中央公論新社。
(32) 同上、二五頁。
(33) 同上、二七二頁。
(34) 山岸俊男・市川孝一・島田幸男（一九七九）「高度成長期の社会心理の一側面――「根性主義」試論」佐藤毅ほか（編）

『現代の社会心理』誠信書房、二三二〜二四九頁。

(35) 山岸らは「根性主義」と「現代の通俗道徳」との構造的類似性について以下の点をあげている。「1ある種の危機的状況においてもっとも顕著にあらわれる対応行動・対応様式という側面での共通性、2実際の行動へ現実化される際に、持続的努力という形態をとること、3禁欲的性格という共通性、4いずれも問題を自己自身に還元することによって外に対する批判的視点を喪失し、受動的忍従の論理にとどまっている点、5自己実現に向けての自発的努力という能動的側面と、忍従の論理ともいうべき受動的側面の二面性をもつこと」同上、二三八頁。しかし、山岸らが反省的に述べているように、近世後期において見いだされた「通俗道徳」と高度経済成長期における「根性主義」との類似を指摘するには、関連する諸言説のより厳密な分析と考察が求められるだろう。

(36) 安丸良夫（一九七四）『日本の近代化と民衆思想』青木書店、四頁。

(37) 精神病理学者の中井久夫は、うつ病好発性格として承認されている特徴記載に、広範囲の職能者の仕事へのかかわり方、職場の人間関係が共通して挙げられていることを指摘する。そのなかで、昭和前期に精神科医として活動した下田光造が「執着気質者」について記載した内容に、安丸の「通俗道徳」に共通する生活倫理・生活道徳を見いだしている。中井は、この生活倫理・生活道徳を「執着（性）気質的職業倫理」と呼んでいる。中井久夫（一九八二）「執着気質の歴史的背景——再建の倫理としての勤勉と工夫」『分裂病と人類』東京大学出版会、三九〜八七、四三〜四四頁。安丸もまた、中井の「執着（性）気質的職業倫理」が「通俗道徳」にほぼ照応するものであることを認めている。安丸良夫（一九九六）「「方法」としての思想史」校倉書房、九四頁。

(38) 作田啓一（一九六七）「バレーボールの中の共同体」『恥の文化再考』筑摩書房、二六八〜二七九、二七一頁。

(39) 同上、二七一頁。

(40) 大松博文（一九六三）「おれについてこい！ わたしの勝負根性」講談社、三四〜三五頁。

(41) 海老原修（二〇〇〇）「高度経済成長を支えた呪術——大松博文とその論理」『体育の科学』五〇（一一）、九一三〜九一七、九一五頁。

(42) 見田は、「現実」という言葉には〈理想と現実〉、〈夢と現実〉、〈虚構〉と現実というように三つの反対語があると捉え、区分されたそれぞれの時代の心性に見いだしている。見田宗介（一九九五）『現代日本の感覚と思想』講談社、一〇頁。

(43) 社会学者の吉見俊哉は、一九七〇年代前半と一九七〇年代後半以降とを区分し、それぞれ「戦後社会」「ポスト戦後社会」としている。この戦後社会からポスト戦後社会への移行は、見田が述べた「理想」の時代から「虚構」の時代への転換に対応している。「戦後」社会から「ポスト戦後」社会への移行のなかで、社会的なリアリティの成立平面の転換を象徴的な事例をあげ、検証している。吉見俊哉（二〇〇九）『ポスト戦後社会（シリーズ日本近現代史九）』岩波新書。

(44) 見田（一九九五）前掲書、一一頁。

(45) 関春南（一九九七）『戦後日本のスポーツ政策 その構造と展開』大修館書店、一七二頁。

(46) 同上、一七四〜一七七頁。

(47) 保体審答申七二は、学校の課外活動としてのスポーツのあり方や、市区町村のスポーツ行政、公共スポーツ施設の整備基準を提示した。また、一九七三（昭和四八）年には、これまでわが国のスポーツ界の中心を担ってきた日体協の組織内に労働組合が結成された。これによって、日体協の問題点が明らかにされ、民主的な改革へ向かっていったことは、当該団体のその後の社会的な役割を明確にするという意味で重要な契機であったと考えられる。関（一九九七）同上、二〇一頁。

(48) ＩＯＣのアマチュア規定が歴史とともに変化してきていることに象徴されるように、アマチュアリズムを厳密に定義することは困難であると考えられる。ここでは文脈上、競技者に関連して問題とされることが多かった経済的な側面に限定して考えている。具体的には、次のようなアマチュアおよびアマチュアリズムのとらえ方をもとにしている。つまり、スポーツによって経済的利益を得ない者をアマチュアと呼び、経済的利益なしでスポーツを行うことを善と考える思想』をアマチュアリズムと捉えている。木村真知子（二〇〇五）「いまアマチュアリズムをどう見るか」中村敏雄編、『スポーツ文化論シリーズ一四　二十世紀スポーツの実像』創文企画、四五〜六八、五〇頁。

(49) 山本教人（二〇一〇）「オリンピックメダルとメダリストのメディア言説」『スポーツ社会学研究』一八（一）、五〜二六、二〇頁。

(50) 木村（二〇〇五）前掲書、五〇頁。

(51) 内海和雄（二〇〇四）『プロ・スポーツ論――スポーツ文化の開拓者』創文企画、四頁。

(52) 大橋道雄（一九九九）「「生涯スポーツ」の概念と構造の類型化――『体育科教育』誌の掲載論文を対象として」『体

育・スポーツ哲学研究』二二（二）、二五～三六、二六頁。

（53）関根は、「理念」を「実践」の場で実現するには、「理念」と「実践」を媒介する「原理」が必要であると主張する。ここでの「原理（principle）」とは、教育原理や体育原理で取り扱われてきた意味での原理とされ、理念的な問題にとどまらず、内容や方法等の実際的な問題も扱うことや、理念と実践に対して双方向的に作用を及ぼす性格を持っていると考えられている。関根は、生涯スポーツの原理を次のように構想している。すなわち、スポーツ享受の原理（「身体的老いの克服」「楽しみ」「自己実現」）、スポーツ支援の原理（健康へのサポートと行政施策）、循環の原理（学習成果の活用とそれを基にした世代間の交わり）、と考えられている。関根正美（二〇〇三）「生涯スポーツ論の構造論的批判」『体育・スポーツ哲学研究』二五（一）、三七～四六。

（54）関春南（一九七〇）「戦後日本のスポーツ政策――オリンピック体制の確立」『経済学研究』一四、一一五～一一八、一二五頁。

（55）森川貞夫（一九七四）「スポーツ根性論の歴史的・社会的背景」『女子体育』一六（五）、三二～三六、三三頁。

（56）城丸章夫（一九八〇）『体育と人格形成――体育における民主主義の追求』青木書店、一四六頁。

（57）同上、一五四頁。

（58）草深直臣（一九八六）「現代スポーツの構造とイデオロギー」伊藤高弘ほか（編）『スポーツの自由と現代・上』青木書店、一八～六八、四〇～四二頁。

（59）谷口雅子（二〇〇七）『スポーツする身体とジェンダー』青弓社、一二一頁。

（60）具体的には、下記の新聞記事データベースを使用し、「スポーツ」「根性」をキーワードとして入力し、一九八〇年代以降のスポーツ根性論に関連する記事を検索、内容分析をおこなった。読売新聞「ヨミダス歴史館」一九八六（昭和六一）年～、朝日新聞「聞蔵Ⅱビジュアル」一九八〇（昭和五五）年～、毎日新聞「G-Search」一九八七（昭和六二）年～、日本経済新聞「日経テレコン21」一九七五（昭和五〇）年～

（61）山本（二〇一〇）前掲書、五～二六頁。

（62）夏目房之介（一九九一）『消えた魔球――熱血スポーツ漫画はいかにして燃えつきたか』双葉社、五〇頁。

（63）同上、五〇頁。

(64) 高畑好秀（二〇〇五）『根性を科学する』アスペクト、二〇六～二〇七頁。
(65) 辻秀一（二〇〇九）『新「根性」論――「根性」を超えた「今どきの根性」』マイコミ新書、一二三頁。
(66) 辻によれば、「新根性」とは、元気やパフォーマンスを生み出し、結果をも導くために、自分の心の状態を揺らがず・とらわれずというフローな状態を状況に応じて自分でつくり出せるきわめて重要な崇高なる意志のことである。また、新根性は「脳の力」といわれ、自分の意志で思考、態度を選択し、実践していく脳力であり、応用スポーツ心理学用語の「ライフスキル」と同義であると考えられている。同上、四三～四四頁。
(67) 本書の第３章でも触れたように、東京オリンピック以降、一九六五年の農大ワンダーフォーゲル部のしごき死事件、一九七〇年の拓大空手愛好会集団暴行死事件など、スポーツ実践の場面で死を伴った事件が相次いで起こっている。このことから、各方面からスポーツ批判が噴出したのではないかと推察される。
(68) 川谷茂樹（二〇一五）「勝利至上主義（スポーツにおけるその他の倫理的問題）」中村敏雄・髙橋健夫・寒川恒夫・友添秀則編集主幹『二一世紀スポーツ大事典』大修館書店、八二七～八二八頁。
(69) 新聞記事データベースを用いた検索結果は以下のとおりである。
・読売新聞　二四七件（初出　一九八〇年五月一七日付）
・朝日新聞　三一四件（初出　一九八四年八月二二日付）
・毎日新聞　三五一件（初出　一九八八年一〇月一一日付）
・日本経済新聞　九九件（初出　一九八七年一一月二八日付）
（検索結果最終確認　二〇一八年三月）

第2章

ハードトレーニングと卓越への意志

——大松博文と「東洋の魔女」

スポーツにおける根性の養成は、東京オリンピック体制（選手強化本部、スポーツ科学研究委員会）が中心的に担っていた。他方で、オリンピック代表（候補）選手を指導した監督・コーチたちが独自の指導論を展開していったことも確認でき、東京オリンピック以降のスポーツ根性論の流行を後押ししていったことが推察された。

たとえば、東京オリンピック日本代表女子バレーボールチーム「東洋の魔女」を率いた大松博文（以下「大松」）は、その特異な指導哲学や信念が注目され、スポーツ界をこえて内外の多方面で取り上げられた[1]。それは、大松が指導した「東洋の魔女」が、国内にとどまらず世界で活躍し、さらに一九六二（昭和三七）年の世界選手権で優勝したことによる。そして、東京オリンピックにおけるメダルの獲得が期待され、それを実現したことでより広く知られるところとなり、大松のハードトレーニングに象徴される指導哲学・信念が説得力をもって注目されたと考えることができるだろう。

他方で、スポーツ界にはこうした「大松イズム」と言われる指導方針に向けられた批判を確認することもできる。第1章5節でみたように一九七〇年代以降のスポーツ根性論に対する批判的な諸説において典型的な事例として取り上げられている。また、「鬼の大松」によるしごきともいえるスパルタ的指導に対して、当時のチームの母体である大日本紡績貝塚工場（以下「日紡貝塚」）の社員をはじめ周囲からは苦情が殺到したといわれている[2]。

しかし、「大松イズム」やそこで展開された根性論がどのように受容され、実践に取り入れられていたのか（否か）について、これまで十分には議論されていなかったように思える。「選手に猛練習を課した鬼の大松」という表層的な理解にとどめるのではなく、大松の指導哲学・信念を追究することで、「大松イズム」の深層部分と根性の流行との関係性を鮮明に見いだせるのではないだろうか。

そこで本章では、スポーツ根性論の代表的なイデオローグといわれた大松の事績や言述に着目し、（1）「大松イズム」の内実と成立背景の明確化（「大松イズム」とは何か）、（２）スポーツにおける根性との相関（大松は根性をどのように捉えていたのか）という課題に取り組むこととする。(3)

１　「大松イズム」成立の背景

はじめに、大松が「東洋の魔女」といわれた日紡貝塚女子バレーボールチームを率い、その名が世界の知るところとなった背景として、大松のライフストーリーに着目する。「大松イズム」と呼ばれた指導哲学・信念がどのような人生経験から発想されることとなったのかを明らかにする。

大松の生育歴については、自身の著書であり当時ベストセラーとなった『おれについてこい！』（一九六三）のなかで大松自身が記述している。(4) その記述によれば、大松は一九二一（大正一〇）年、香川県の宇多津町に六人姉弟の長男として生まれた。父は小学校の校長を務めていたが、教育熱心であったのはむしろ母の方であったといわれており、母のしつけが厳しかったことが記述されている。当時は野球が盛んであったことから大松自身も野球に打ち込んでいたが、大松が通った宇多津尋常高等小学校ではバレーボールに力を入れており、大松は野球と並行して、バレーボールにも取り組んでいたという。

その後進学した坂出商業学校（現・坂出商業高等学校）では、当初野球部に所属していたが、父の反対にあい、一年で退部し、三年に進級するまで書道部に所属していた。しかし、三年時の校内バレーボール大会で小学校時の経験が活きたことから、関西学院高等商業学部（現・関西学院大学）に進学してから競技としてバレーボールに取り組み、大日本紡績に入社後、徴兵されるまで競技者としての道を歩んでいた。

日紡に入社後、大松は一九四一（昭和一六）年に陸軍に召集され、中国、ラバウル、ビルマを転戦した。中隊の指揮を務めた際、自分より年配の兵士が指揮に従ってくれるよう、自ら率先して行動をとったエピソードを取り上げながら「人に自分をついてこさせる術を、わたしは戦地の実践によって会得した」[5]と記している。後述するが、大松はバレーボールの指導者として「率先垂範」を重要視しており、上記のエピソードを繰り返し紹介している。聞き取り調査では、大松は「人は、自分から何もしない人にはついていかない」と繰り返し述べていたことが証言されている。

大松は、その後インパール作戦に従軍し生死をさまよったことを記している。以下の言述のように、戦争体験は彼の性格を大きく変える事蹟になったと考えられる。

「わたしは、やればできるのだ、という信念、大阪ことばでいう土性骨を、ビルマ戦線の死の彷徨中で見いだしたように思います」[6]

「わたしがもつ、信じたことに邁進して動じない図太さ、いかなる肉体的困難も精神力によって克服できるという信念、それはこの戦争体験なくしては考えられません」[7]

戦後、生還し復員した大松は一九五四（昭和二九）年、日紡貝塚女子バレーボール部監督に就任した。それから、日本一のチームになることを目標として「鬼の大松」と呼ばれるほどの徹底した猛練習（ハードトレーニング）を実行していった。一九五八（昭和三三）年には当時の日本国内の四大会（全日本総合大会、全日本実業団大会、全日本都市対抗大会、国民体育大会）ですべて優勝するという成績を残した。また、一九六一（昭和三六）年のヨーロッパ遠征では全勝するという成績を残し、選手たちは「東洋の魔女」と呼ばれるようになった。

その後、一九六二（昭和三七）年の世界選手権では、決勝で当時世界一のソ連を破って優勝した。この世界選手権以降、一九六四（昭和三九）年の東京オリンピックで優勝するまでの軌跡は、一九六四（昭和三九）年に出版された『なせば成る！』（一九六五）に詳述されている。結果として、東京オリンピックにおいても決勝で旧ソ連を破り、大松は全日本女子バレーボールチームを優勝に導いた。

大松はその年末に日紡を退社し、翌一九六五（昭和四〇）年には中国を訪問し、中国女子バレーボールチームの指導にあたっている。一九六八（昭和四三）年には第八回参議院議員通常選挙全国区に自由民主党公認で立候補し、初当選している。一九七四（昭和四九）年にも再選を目指して第一〇回参議院議員通常選挙全国区に自由民主党公認で立候補するが、落選している。その後は再びバレーボール界に戻り、各地で指導活動を行い、イトーヨーカドーバレーボール部の創部に参加し、技術顧問を務めた。そして一九七八（昭和五三）年に心筋梗塞により五七歳で死去した。

東京五輪女子バレーボール、ソ連との決勝。
選手に指示する大松監督。（提供：朝日新聞社）

大松の人間性については、聞き取り調査における証言によれば、幼少期は「お嬢」と呼称されていたほどのおとなしく優しい性格であったといわれている。しかし、上述のように戦争を経て生還し、バレーボールの指導者となってからは「鬼」と形容される厳格な性格に変化していったことが指摘されている。このことは大松自身も著書で触れており、知人、旧人から内面性の変化について以下のように指摘されたことを紹介している。

「おまえは学生時代、コーチに来ていたころには、人からなにをいわれても、ハイ、ハイで、ひとつとして自分というものをもたない男だった。若い男が、ハイ、ハイと素直に返事をするのはたしかにいいものだし、かれんでもあるが、どうもたよりない気もした。その同じ男が、いまでは、いっさいを自分ひとりでやってのけ、老人のわしなど、なにをおまえにいうたって、決して自説を曲げないやつになってしまった。どうも軍隊生活が境だな」(8)

「大松君、きみは変わった。坂出商業時代の、あの気の弱い、やさしい性質―バレー=チームの中でもいちばん地味で、いつも縁の下の力もちだったきみが、よくもいまのようなきつい男になったものだ。われわれ当時のなかまは、きみがか弱い女性たちにしいている過酷な練習ぶりを知らされて、まったくびっくりしている」(9)

「戦地にあったころのあなたは、いま見聞きするようなガムシャラな人ではなかった。よくもあんな、人間わざとは思えないような方法を考え出したり、それを女の子にやらせたりするような男になったものだ」(10)

もっとも、聞き取り調査で得られた証言によれば、戦地から生還してバレーボールの指導者となった大松にも、幼少期あるいは青少年期にみられたおとなしく優しい性格は変わらず見取ることができたという。多忙ななか、実家へ帰省したときには家族や親族の健康を気遣うなど、常に周囲に対する細やかな配慮の姿勢があったことが指摘されている。

また、大松が指導した「東洋の魔女」(11)が語った大松の人間像からは、「鬼の大松」というイメージには必ずしも合致しない一面がみえてくる。たとえば、谷田絹子は、大松について以下のように記している。

「いまではだれでも知っているように、先生はちょっと見当たらないほどの心の優しい人だ。あとでは、冗談もいえるし、コートを出た先生というのは、優しさそのものであった。先生のような男性が現われたら、飛びついていくかもしれないような気がする」[12]

上記の谷田と同じ高校出身であり、二学年下の後輩にあたる松村好子も「先生というおかたに接してわたしは驚いた。先生は選手のことだけしか考えない人だった。自分の欲得をいっさい考えずに、ただ選手のことを親身になって考える人であった」[13]と記している。さらに、宮本恵美子の以下の語りからは、ひとりの男性だけではなく父親としての大松像を見取ることができる。

「わたしたちは、うちを離れて生活してきたから、先生はどの肉親よりも近しい。コート以外ではあまり話し合うことがなかったのも、なにもいうことがないほど信頼があったからでもあろう。わたしは、ほかの男の人とつきあったことがないからわからないけれど、あれだけ親身になってわたしたちのことをせわしてくれる先生は、ほかにいないのではないか、という気がする」[14]

この他に、中学校を卒業して日紡貝塚のチームに加入し、まもなく大松より高校入学をすすめられ、実際に入学している磯辺サタにとっても、大松は父親のような存在であったと考えることができる。[15]「東洋の魔女」の言述から、大松には理想的な男性像・父親像が仮託されていたと考えることができる。

大松の歩んだ人生はバレーボールおよびその普及・指導とともにあった。また、「大松イズム」は彼の人生経験にもとづいて形成されたといえる。その際に特記されるのは、戦争体験によって大松の従来の精神構造に組み換えが迫られ、新たに芽生えた生き抜くことの術や信念がバレーボールというスポーツの実践に仮託されていったのではないかということである。

ここまでの考察をふまえ、以下では大松の指導哲学・信念である「大松イズム」の内実を明らかにすることとする。具体的には、大松自身が残した著書[16]を分析の対象とし、「大松イズム」に関連する記述を参照することとした。

2　大松のスポーツ（バレーボール）観

「大松イズム」の成立には、大松が生涯を通じてかかわったスポーツ（バレーボール）に対する見方・考え方、すなわち大松のスポーツ観が多大な影響を及ぼしているといえる。それは一九六〇年代に出された彼の著書の大部分において示されている。大松のスポーツ観の特徴としてまず挙げられるのは、「徹底したアマチュアリズム[17]による勝利の追求」である。たとえば、大松は以下のように記している。

「あらゆる競技において、いかに小さい試合にせよ、勝つことが第一です。まして、オリンピックや国際選手権大会では、優勝なくしては、いかなる名誉もありません。ですから、だれがなんといおうと、勝つために全力をあげるのが、アマチュア＝スポーツの神髄だと、わたしは信じております。（中略）アマチュア＝スポーツは勝つことだけにすべてがあるのです。わたしのいだく、この精神は、単にスポーツばかりではなく、人生の全般に通じるものと、わたしは思っています。生きるとは勝ち抜くことだからです[18]」

「人間の世界は、いっさいが勝負です。自分自身との勝負であり、他人との勝負です。ましてスポーツは戦争よりも、もっとはっきりと勝負の世界です。話し合いの余地も、休戦もありません。しかも、勝負において望まれるのは、ただ勝つことです。どんなにうまくやっても、最後の勝利を得なければなんにもならないのです」(19)

スポーツを定義する際に、競争とその結果としての勝敗を本質的な特徴とする見解が多くみられることから、競争および勝敗はスポーツにとって自明のものと考えることができる。また、スポーツにおける勝敗に対してどのような価値を見いだし、どのような意味を与えるかによって、実践主体のスポーツに対する態度も決まってくる。

しかし、大松のスポーツ観には、手段ではなく目的としてスポーツに取り組み、純粋に勝利を追求するという価値的な態度が見取ることができる。大松は以下のように記している。

「一位になることーこれが動かすことのできない信念であり、目標でした。そして、それを成し遂げただけで、むしろ、それを示しえただけで、黙って引き下がっていきたいように思います。やればできるのだ、ということを実証しえただけで、じゅうぶんのように思うのです。つらかったであろう、たいへんであったろう、と人はいいます。（中略）けれども、わたしは正直にいわなければなりません。わたしは、いや、ニチボーバレーチームは楽しかった。あの長いあいだの練習の苦しみを、わたしたちは最上に楽しんだ」(20)

大松が生きた時代とりわけ彼の晩年は、近代スポーツにおいて支配的な思想として位置づけられてきたアマチュアリズムおよびアマチュア・スポーツが解体していくとともにプロフェッショナル・スポーツへと転換していくような、スポーツ界に大きな変化がもたらされた時期にあたる。そのような状況において、大松は純粋にアマチュアリズムを信奉し、貫徹したと考えることができる。

日紡貝塚のチームは、企業スポーツのチームであり、いわゆる「セミプロ」でありながら、その実体はアマチュアリズムの原則が守られていた。経済的な希望の持てるプロでもなく、純粋な楽しみの追求としてのアマチュアでもないセミプロという名の企業スポーツにおいて、その内容に純粋なアマチュアリズムを求めた大松のスポーツ観には、「「義務としてのスポーツ」ではなく、「自由意思に基づく楽しみ」というスポーツの本質が、一応にせよ確保」[21]されていた。大松が指導した「東洋の魔女」のバレーボールには、義務ではない自由や楽しさが、競技力の向上によって見いだされていくアマチュア・スポーツの楽しさがあったといえる。

東京オリンピックにおける勝利の後に日紡を退社し、国内外を問わず積極的に活動を進めた大松のスポーツ観については、それのみを参照すれば競技力向上に特化した、高度化を志向するものとしてとらえられる。

しかし、彼の晩年の言動や著書を参照すると、必ずしもそれだけにとどまらない考え方を見取ることができる。たとえば、大松の生前最後の著書である『バレーボールの心』（一九七五）には、「ママさんバレーボール」の普及活動を通じた記述を確認することができる。

一九六〇年代後半から大衆のスポーツ参加の要求が高まり、「家庭婦人」という名称をともなって既婚女性が家庭の外に出てスポーツ活動をするという新たな社会的慣習が誕生し、展開されていった[22]。他のスポーツ種目よりもいち早く全国大会が開催されたママさんバレーは、その先駆的な取り組みとして位置づけられる。

東京オリンピック以降、スポーツの大衆化が進む状況下で、社会体育（生涯スポーツ）やママさんバレーの普及活動を積極的に進めた晩年の大松には、スポーツの勝利至上主義志向・高度化志向のみに回収されない、価値観の多様性・柔軟性が垣間見られる。

たとえば、スポーツの大衆化が進む時代状況において、大松は社会体育（生涯スポーツ）の意義について、（1）（社会的）連帯感の形成、（2）健康への留意・健康管理、（3）体力向上、（4）若さの保持（体力つくり・健康つくりの継続）を挙げている。[23] また、ママさんバレーボールの普及活動の重要性について以下のように記している。

「こうして全ての女性が、バレーボールを通して、身体を鍛え、健康を維持していくのを見ると、それだけでも大きな意義のあることだと思うのですが、ママさんバレーの良さは、それに加えて、夫婦の対話、親子の対話、人と人との触れ合いの糸口になれるということです」[24]

「バレーを通じて、若さを取り戻し、さらに人間の新しいつながりを持つのは、素晴らしいことです。このつながりが、少しずつ広がっていき、大きな輪ができるとき、そこには新しい意味での連帯が生まれて来ます」[25]

なお、大松の功績をたたえ、彼の出生地である香川県宇多津町では「大松杯バレーボール大会」[26]が開催されている。本大会は、二〇一九（令和元）年で二六回を数え、主に中四国地方のママさんバレーのチームが参加しており、バレーボールの振興および発展や、宇多津町民と他県民との交流を目的とするスポーツイベントとして位置づけられている。そこでの大松は、「東洋の魔女」を率いて勝利のために徹底したハードトレーニングを課した厳しい指導者というよりは、スポーツの大衆化および社会体育（生涯スポーツ）としてのバレーボールの普及・推進の功労者としてイメージされている。

このように、東京オリンピック以降から晩年にかけて、社会状況の変化とともに大松のスポーツ観も変容していったことがわかる。そこでは、勝利追求という要素が後景しており、社会的連帯・コミュニティ形成のツールとしてスポーツが捉えられていた。

3　大松の指導・コーチング観

本章で着目する「大松イズム」という言葉は、そもそも大松の独特な指導哲学・信念を指して用いられていたが、大松はスポーツの指導・コーチングについてどのように考えていたのか。ここでは大松の著書のなかで指導者の条件にかかわる記述(27)を手がかりとして検討する。

大松が指導者の条件として挙げていたのが「行動力・実行力」である。既述のとおり、大松は戦争体験から、「人は自分からは何もしない人にはついていかない（人についてきてもらうには先ず自分から進んで事を行う）」ことを学び、「率先垂範」を念頭に置き、常に選手とともに実践することを重視していた。その際、単に行動を起こすだけではなく、徹底的に考え抜いたうえで実行に移すことが肝要であると述べている(28)。また、大松は可能性・不可能性よりも、実践の有無が重要であることを繰り返し主張している。たとえば、大松は以下のように記している。

「時代が違う、環境が違うという前に、どれだけのことがやれるか、また、やろうとする意志が持てるかが、青春の喜びを存分に味わえるかどうかの差になって現われるのです」(29)

「やれないと思ったら続けられないのは当り前です。もしそういう気持になったら、実際にダメになってしまうのです。だから、やるかやらぬかの問題なのです」(30)
「問題は何度も繰り返しますが、やるかやらないかなのです。やらなければ、できないのは当り前のことです。しかし、やればできるのです。仕事を苦にしたり、練習を苦にしたりしないで、それをやり通すことが、大事なことです」(31)

このように行動力・実行力を重視したうえで、大松は選手たちに徹底したハードトレーニングを課していったのだが、大松のハードトレーニングに対する周囲の見解は、その苛酷さから非科学的で人道にもとるしごき・猛特訓と受けとめられていた。しかし、日紡貝塚のチームには、医師が常に健康状態を確認していたとされ、医師の判断があったうえでトレーニングがおこなわれていた。大松は「東洋の魔女」の担当医師であった白旗信夫について記している。

「五十五歳のこの先生のかげの協力を、わたしたちは世界選手権の獲得と切り離して考えることはできません。先生は、単なる西洋医学の医療法の信奉者ではないのです。いわゆる医師の常識としては理解できない、考え及ばない人間のからだの秘密を、病気や障害に対する治療に医学プラスなにかがあることを、認める人でした」(32)

「東洋の魔女」の身体の状態と意思を知り尽くしたうえで、ハードトレーニングを許可していた白旗医師は、大松にとって重要な存在であったと考えられている。非合理的と考えられていた大松の指導のもとでのハードトレーニングは、実は合理的に考えられ、実践されていたといえる。

このような周到な健康管理と合理的なトレーニング方法の前提として、選手たちとの信頼関係の構築が挙げられている。指導者と選手との関係について、大松は以下のように記している。

「選手と一緒になって汗を流し、辛い練習を繰り返しているうちに、教える側と選手、また選手同士の間に固い連帯感が生まれて来ます。教える立場と教わる立場の間に心のつながりが生じるのです」(33)

「私の練習は、ただ外側から見ているだけでは、長い練習時間をかけた、厳しいトレーニングに明け暮れていたと思われるのは当然ですが、実は私と選手たちが協力して固い信頼関係の上に立って、合理的に生み出したものでした」(34)

「練習でも、ただやたらに猛練習しろなどとはいいません。選手が納得し、指導者と選手との心の交流がなければ、意味はないのです。なぐったり、けったりして練習させるなどは論外です」(35)

指導者の条件に「行動力・実行力」を掲げた大松は、上述のような選手たちとの「心の交流」による信頼関係にもとづいて、合理的にハードトレーニングを課していったと考えられる。

大松は「指導者の条件」として「創造力」も挙げている。当時のバレーボールの技術・戦術的な観点からみて、大松が考案した「回転レシーブ」や「木の葉落としサーブ」は画期的であったと考えられる。

「ある一つのものに対応して、次のものを打ち出していく、この創る喜びがあってこそ、はじめて選手も厳しい練習について来られるし、また、あきずにつづけられるのです。（中略）私たちの新しい技術を生み出す努力は、一部のファンには正当に評価されていました」[36]

このように、大松の指導・コーチング観の特徴は、選手一人ひとりの特性を把握し、それぞれに合った指導方法を考え、「率先垂範」を念頭に置いて常に選手とともに実践することにあった。そこには、行動・実行性、創造性、目的合理性を見取ることができる。

4　「為せば成る」――バレーボールによる「修養」

大松が行動力・実行力を指導者の条件に挙げていたことを指摘したが、これは大松の人生を通じて貫徹された信念である「為せば成る」という言葉に集約することができる。それは、大松が以下のように述べていることからも明らかである。

「わたしは、〝なせばなる〟ということを日常のモットーとしています。これは、「なさねばならぬなにごとも　ならぬは人の　なさぬなりけり」とつづく、上杉鷹山の歌です。そして、この歌は、明治という興隆期日本の、ほとんどの青年たちがいだいた人生観であり、明治のにおいでした」[37]

「〝為せば成る〟は、わたしのトレードマークになっているようで、まことに、恐縮なことであります。これは、わたしの長いバレーボール一筋の生活を通して、わたし自身はもちろん、選手自身も、つねにいいきかせた言葉であり、わたしの信念なのであります」[38]

上杉鷹山（上杉治憲、一七五一〜一八二二）は、江戸中期の大名で出羽国米沢藩九代藩主を務めた人物であり、新産業の開発や農村の振興を積極的に進めるなど、優れた藩政改革者であったといわれている。鷹山の事績は、明治期以降の道徳教育において取り上げられている。(39)他にも有名な仕法家によって没落の危機から努力を重ねた末に成功をおさめたという事績に触れ、影響を受けた人は、ひとり大松だけではなかったといえる。

このことにかかわって、大松は晩年にいたるまでのすべての著書において、「人生は日々修養の連続である」ということを強調している。たとえば、大松は以下のように記している。

「わたしの根本には、人生は日々修養の連続だ、という考えがあります。（中略）あれかこれかの人生の一時期において、これとして選んだものがバレーであるならば、そのバレーを通じて、人生修養をしなければならない。いいかげんなことが許されないのです。あの九メートル四方の中での練習を通じて、ありとあらゆる体験をする。その体験は、どのような困難なことに出会っても、どんな深い淵に落ちこんでも、必ず浮かび上がる精神力を与えるのだ、とわたしは信じています」(40)

「もの心がついてから死ぬまで修養の連続だ、ということを、わたしは選手たちに、いつのばあいでもいってきました。苦しいことも、いやなことも、すべて修養のための試練である。それを乗り越え乗り越えてやっていくのが人生だ。そしてそのあいだに、喜びもあれば楽しみもある。バレーの選手はバレーに徹し、一日のおこたりもなく、バレーをやめる日まで、真剣にやり抜かなければならない」(41)

「修養」とは「身を修め、心を養う」ことであり、明治期の主に青年層を対象とした流行期には、克己や勤勉による人格の完成を道徳の中核とする精神主義的な自己形成の様相を呈した。(42)つまり修養は、近代日本における青年期の自己形成概念として捉えることができる。修養論は、先に挙げた上杉鷹山や偉大な功績を残した歴史上の人物に触れながら多くの雑誌や著作で説かれたといわれ、その言述を受け入れた青年たちが修養に励んだとされる。特に「精神修養」という言葉に代表されるように、自己の内面、精神を鍛えるためのあらゆる実践が修養と呼ばれていた。このように、曖昧な概念であるにもかかわらず、発信者とその対象とされた青年の双方にとって自明のように語られ、青年が異常ともいえるほどに実践に励んでいたことから、修養は明治三〇年代後半から四〇年代にかけてアノミー的状況下におかれた青年への説得戦略として位置づけられ、青年層の不満をどのように解消するかという問題への対処がその課題になったとも考えられている(43)。

明治期の青年層が修養論をどのように受容し実践していったのか、言い換えれば、言述として説かれた修養が実際にどのように体現されたのか。この問いについては本書ではこれより掘り下げることはしないが、大松についていえば、バレーボールというスポーツによる成功（勝利あるいは自己実現）を志向することで、修養を体現しようとしたのではないだろうか。そうすると「大松イズム」は、スポーツによる「戦後版修養論」として捉えることもできるだろう。

5　スポーツにおける「根性」と「大松イズム」

以上の考察から、本章の一つ目の課題（「大松イズム」の内実と成立背景の明確化）について次のようにまとめることができる。つまり、「大松イズム」は戦争体験を特筆するものとしての人生観をもとにして編み上げられたものであり、選手との共感的な信頼関係が形成されたうえで、指導方法や技術、戦術に対して目的合理性および

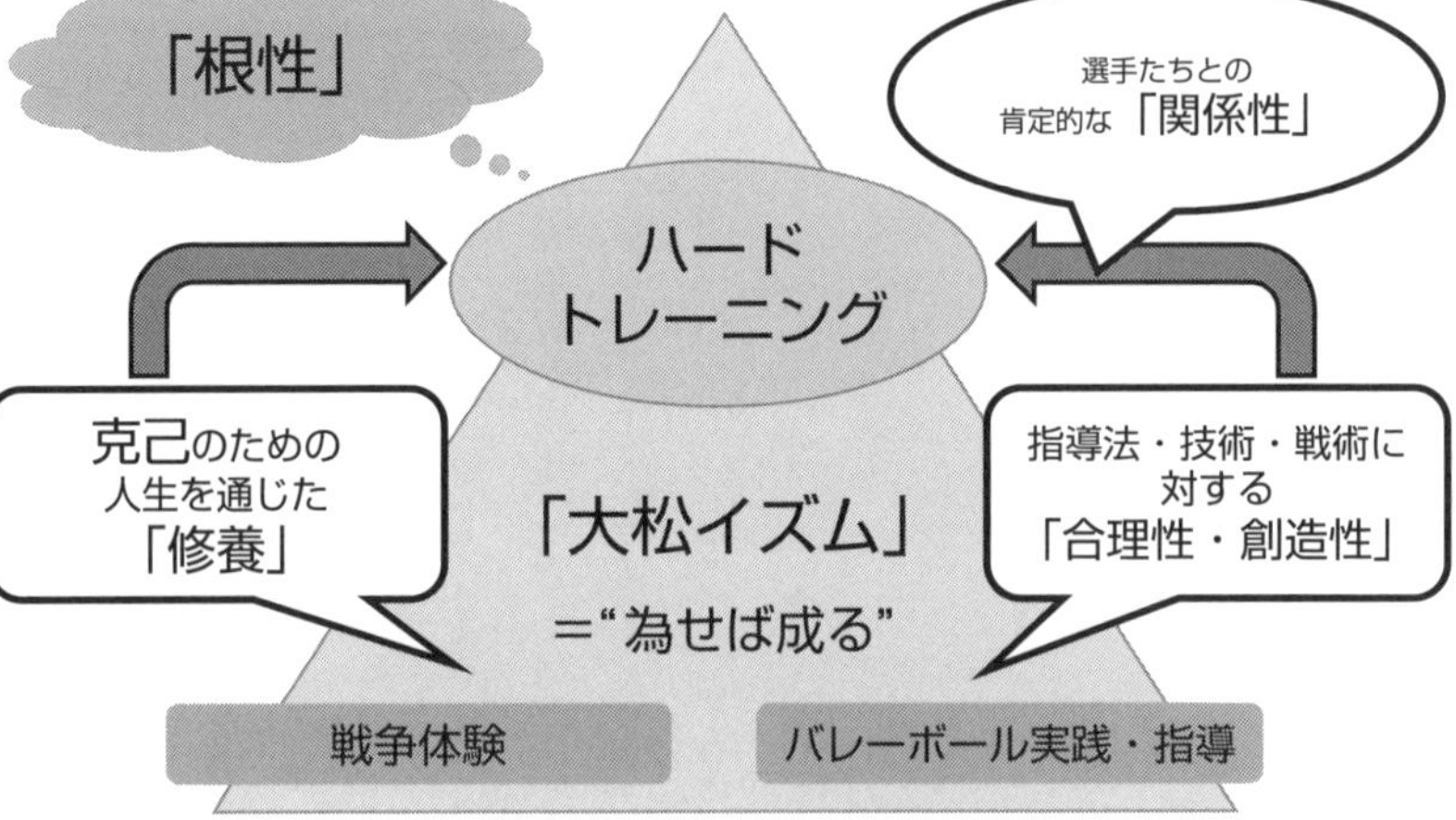

図　「大松イズム」の構造

創造性を動員し、ハードトレーニングという自己鍛錬の重要性を説く大松の指導哲学であり、「為せば成る」という言葉に集約されるものであったと考えられる。

この「大松イズム」には、バレーボールというスポーツの実践を通じた自己形成（修養）の思想として捉える可能性が見いだされた。それはまた、第1章第4節でみたように、敗戦による挫折・喪失の危機から再建・復興を果たした高度経済成長期の時代精神・社会通念と共振しながら、困難に耐えて生き抜き、成功するための原則として拡大解釈されていったと考えられる。それは図のようにまとめられ、構造として捉えられる。

本章のおわりに、二つ目の課題（「大松イズム」とスポーツにおける「根性」との関係性）についてまとめておきたい。大松はスポーツにおける根性をどのように捉えていたのか。それは「大松イズム」とどのように関連付けることができるのか。以下では、大松による根性についての記述に着目してみる。

第1章で触れたように、日本におけるレスリングの普及に貢献した八田一朗は、根性は勝利のための心身の鍛錬にあるとし、単に精神を鍛えるだけではなく、科学的、合理的なトレーニングを考え、実践していくことが必要であると述べていた。しかし、スポーツ界では間違った根性が横行していると指摘している。それは端的にいえば、総合的な競技力向上のための合理的なトレーニングをせず、いたずらに精神力のみを鍛えようとすることである。(44)

大松もまた、根性について自身の著書で触れており、誤った解釈がなされていることを指摘している。大松によれば、「根性は、日紡のばあい、決めた目標の日本一、世界一に立ち向かう精神であり、それを達成するための努力から生まれた自信」(45)であるという。後の著書では、何かに負けてしまいそうな自分自身に打ち勝つこととし、人生一般に通じるものとして説明している。

「なんでもいいから、いまはわたしたちの身辺から消えた〝克己〟を取りもどして、日々修練する―それをわたしは、ハードトレーニングというのです。そういうハードトレーニングによって、根性が、つまり〝事を行うに久しく耐え忍ぶ精神の力をもった性質〟が生まれてくるのです」(46)

つまり、自分自身に打ち勝つ日々の修養が「ハードトレーニング」であり、それによって根性が養われると考えられている。実際に大松は以下のように述べている。

「根性がなければだめだといわれます。根性がなくては、ものごとをやり抜くことはできない、といいます。その根性は、たしかに生まれつきということもありましょう。しかしわたしは、生まれつきの根性だけではなんにもならない、と思っています。根性は養われるものです。それはなにによって養成されるか。先に述べたような、自分に打ち勝つことからです」(47)

このような大松の言述にもとづいて根性を捉えようとするとき、それは第1章でみてきた東京オリンピックを重要な契機として成立した根性に通じる点がある。また、「大松イズム」を根性として捉えることもできるだろう。

しかし、大松は先に挙げた八田と同様に、根性の流行に対して批判的な見解を述べている。たとえば、以下に挙げるように、大松自身の取り組みを模倣することを根性づくり・方法とするのは誤った解釈であると指摘している。

「根性が必要だ。ニチボーのあの根性だ。それには猛訓練だ。そんな調子で、わずかな期間に急激に痛めつける。そしてそれを根性づくりだという。とんでもないことです。ローマは一日にして成らず、といいます。それと同じく、わたしが鍛えたニチボーの選手たちの根性づくりは、そんなむちゃなこととはほど遠い、長い道だったのです」(48)

また、一九六五(昭和四〇)年に起きた東京農業大学ワンダーフォーゲル部におけるしごき死事件を受けて以下のように述べている。

「わたしがこと新しく根性論を唱えたために、あの〝しごき事件〟が起こったかのように解し、待っていたように早計に根性論有害説が出たりする軽薄さには、ただあきれるほかありません」(49)

「一日のおこたりもなくハードトレーニングを続けることによって、おのずから根性ができると、わたしはいいました。そのとおりなのです。しかし、じっさいには、わたしはどうしたか。それは、いわゆる〝しごき〟

とは、似ていてまったく非なるものです。わたしは、そんなむちゃなことをしたのでは断じてありません」(50)

大松が指導・実践したことは、上述のようにしごきではなく、本章ですでにみてきたように、選手との信頼関係の形成を前提とし、指導方法や技術、戦術に対して目的合理性および創造性を動員したハードトレーニングという自己鍛錬であった。そうして養われる根性についても、大松の指導方法を形式的に模倣することを根性づくりというのではないと明言している。

「わたしのしかりかた・笑わせかたは、わたしという人間の個性から出るものであって、まねしたってだめなのだ。回転レシーブだけ見習っても、そんなものは、もっと別な、いい方法が出れば負ける。サーブも、これという一つの方法よりも、六人それぞれ個性的であるがゆえに効果的なのだ。つねに新しい道を捜さなければならない。経験からいうと、それは練習よりもはるかに苦しいものだ」(51)

「大松イズム」および大松が主張した根性は、人びとに受容され、流行していく際に、誤った解釈・理解がなされていたと考えられる。それはまた、第1章5節でみたように、成立期以降の根性が変容していったことを示唆している。

「大松イズム」は、目標が明確に示され、しかもそれがバレーボールというスポーツの勝敗の明確さから人びとが理解しやすいものであった。そして、実際に勝利したことでその有用性が証明されたのだといえる。それ故に、当時の人びとに対して説得力をもって惹きつけることができたのであろう。他方で、「大松イズム」や根性論は安易に形骸化してしまう性質もあり、イデオロギーとして日本の社会や政治、経済的な側面において利用されやすいものでもあったと考えることができる。

最後に、「大松イズム」を体現した「東洋の魔女」という競技者の存在について言及し、次章につながる問題提起をしておきたい。

社会学者の新雅史は、「東洋の魔女」は大松の指揮のもとで「選手」であることと工場で働く「女工」であることとの両方の役割を往還しながら、工場の共同性の確保の問題と、オリンピックにおけるスペクタクルとのせめぎあいを生き抜いたと捉えている。「東洋の魔女」とは、「工場レクリエーションから出発したバレーボールを企業スポーツへと決定的に離陸せしめた出来事」(52)であったという。

「東洋の魔女」は、生まれ育った土地を離れ、バレーボール競技を実践する共同体という「第二の村」で生活し、工場では画一的な役割や行動様式が求められたが、彼女たちにも自分を表現し、社会で認められたいという願望があった。それは「女工」の生活のなかでは満たされることなく、バレーボールというスポーツで「ヒロイン」となり、注目されることによって満たされたのである。(53)そのため、「東洋の魔女」の背後には、同じ願望を共有する潜在的な無名の女性たちの後押しがあったと考えられる。

このように、「東洋の魔女」は、当時の生活を含めて無名の女性たちと同一視されたともに、バレーボールというスポーツで自己実現を成し遂げるヒロインとみなされた。

しかし、彼女たちが「ヒロイン」とみなされたのは、世界選手権や東京オリンピックで勝利することができたからではないだろうか。「大松イズム」が当時の人びとの生き方の指針となる説得力を有したことも、勝利という明確な結果があったからではないだろうか。本章では、「大松イズム」は「為せば成る」という言葉に集約されると捉えたが、「為せば成らなかった」ということを、つまり卓越・勝利することができなかったということを、またそのような競技者の主体性・アイデンティティを、どのように捉えることができるだろうか。

次の第3章では、上記について考察するうえで「東洋の魔女」と同時代の象徴的な競技者として挙げられるマラソンランナー・円谷幸吉を取り上げることとする。

注

（1）社会学者の作田啓一は、大松の指導を次のように簡潔に言いあらわしている。「「なせばなる」「勝負は勝たねばならぬ」「自分のためにやれ」「人並以上に努力せよ」「自分がしなくて誰がやる」「一日怠れば回復は三日」「病気は許されぬぜいたく」「けがに慣れてしまえ」―これらの格律で固められた大松イデオロギーは「根性」とそれをつくる「ハード・トレーニング」ということばで要約された。」作田啓一（一九六七）「バレーボールの中の共同体」『恥の文化再考』筑摩書房、二六八～二七九、二七〇頁。また、大松の記した著書『おれについてこい！』（一九六三）の内容分析をおこなった社会心理学者の山岸俊男によれば、大松の主張の核は精神力による目標達成にあり、目標達成に向けてあらゆる手段が動員され、その副産物として人間形成および幸福がもたらされることであった。山岸俊男（一九七九）「根性主義――「おれについてこい！」の内容分析」『一橋論叢』八一（二）、一八一～一九七、一九三頁。

（2）大松博文（一九六三）『おれについてこい！』講談社、二〇〇～二〇三頁。

（3）大松が指導者として成績を残した日紡貝塚チーム監督時代のバレーボール指導にかかわる資料等は、退社後に処分されていた。本章では、このような資料上の制約を補うために実施した遺族ならびに関係者への聞き取り調査を適宜参照しながら考察を進めた。聞き取り調査の概要は以下のとおりである。

・二〇一三（平成二五）年一〇月一二日・一三日　第二〇回大松杯バレーボール大会（香川県宇多津町・ユープラザうたづ（開会式会場））吉田國昭氏（アトランタリンピック女子バレーボール代表監督、日紡貝塚在籍時における大松の後輩にあたる）

・二〇一五（平成二七）年一〇月一〇日・一一日　第二二回大松杯バレーボール大会（香川県宇多津町・宇多津中学校体育館）大松美恵子氏（大松博文の義妹）

なお、聞き取りは質疑応答という形式ではなく、各氏がかかわった大松の生涯や大松という人間について自由に語ってもらい、それをICレコーダーに記録する形式をとった。

（4）大松（一九六三）、前掲書、二〇九～二三八頁。

（5）同上、二二七頁。

（6）同上、二二三頁。

（7）同上、二三二頁。なお、大松の戦争体験とスポーツ指導とのかかわりについて詳細に検討した研究として、以下の論文が挙げられる。鈴木秀人（二〇二一）「大松博文に見られるスポーツの指導をめぐる考え方の再検討――「戦争体験」に着目して」『体育学研究』六六、四〇九～四二七頁。

（8）大松（一九六三）、前掲書、一三八頁。

（9）同上、二二二頁。

（10）同上、二二二頁。

（11）「東洋の魔女」といわれ、一九六一（昭和三六）年の世界選手権および一九六四（昭和三九）年の東京オリンピックで中心となったメンバーは、河西昌枝、宮本恵美子、谷田絹子、半田百合子、松村好子、増尾光枝、磯辺サタ（姓名はすべて一九六四年当時）である。

（12）河西昌枝ほか（一九六五）『思い出の回転レシーブ』講談社、一二七頁。

（13）同上、一八四頁。

（14）同上、一〇二頁。

（15）大松は磯辺について次のように記述している。「あいつは親に甘える味を知らずに育った。世のつらさを、生まれてまもなくから知ってきた。同じ年ごろの娘に比べると、比較にならないほどしっかりしている。自分のことは自分でやらなければならん、という気持ちが、だれに教えられなくとも身についている。少々からだぐあいが悪かろうと、けがをしようと、あいつはがんばる」大松博文（一九六四）『なせば成る！　続・おれについてこい』講談社、一八四頁。なお、「東洋の魔女」の強さの要因について考察された論稿では、日紡貝塚ではバレーボールに集中できる環境と条件が備えられていたことに加えて「東洋の魔女」たちの家庭環境が挙げられている。「東洋の魔女」たちは、貝塚からは離れた地方出身者が多く、家庭も決して裕福ではなかったといわれ、河西のように両親が健在だった家庭もあるが、大部分が片親や両親を失った磯辺のような選手もいたことを指摘し、次のように述べられている。「幼いときから逆境に育っているから、苦しい練習にも耐える。父親を知らない選手は、監督を父として全面的に頼りもする。無名ではあってもシンの強い少女たちを、他に目移りするもののない貝塚に集めて鍛える…これは強ティームをつくるための、理想的な条件と環境であろう」斎藤正躬（一九六六）『名選手──スポーツに賭けた人生』日本経済新聞社、二〇九～二一〇頁。

(16) 対象とした大松の著書は次に挙げるものである。『おれについてこい！』（一九六三）講談社、『なせば成る！　続・おれについてこい』（一九六四）講談社、『わたしの信念　成功への条件』（一九六六）講談社、『燃やせ！　心に勇気』（一九六八）講談社、『誰のために生きるのか　大松人生論』（一九七一）鷹書房、「バレーボールの心」（一九七五）ベースボール・マガジン社。

(17) 国際オリンピック委員会（ＩＯＣ）のアマチュア規定が歴史とともに変化してきたことに象徴されるように、アマチュアリズムを厳密に定義することは難しい。競技者に関連して問題とされることが多かった経済的な側面に限定していえば、次のようなアマチュアおよびアマチュアリズムの定義が一般的であろう。つまり、「スポーツによって経済的利益を得ない者」をアマチュアと呼び、したがって「経済的利益なしでスポーツを行うことを善と考える思想」というものである。木村真知子（二〇〇五）「いまアマチュアリズムをどう見るか」中村敏雄編『スポーツ文化論シリーズ一四　二十世紀スポーツの実像』創文企画、五〇頁。

(18) 大松（一九六三）、前掲書、二二～二二頁。

(19) 大松博文（一九六六）『わたしの信念　成功への条件』講談社、一二三～一二四頁。

(20) 大松博文（一九六四）『なせば成る！　続・おれについてこい』講談社、九八頁。

(21) 斎藤正躬（一九六六）『名選手──スポーツに賭けた人生』日本経済新聞社、二〇七～二〇八頁。

(22) 高岡治子（二〇一〇）「主宰者機構からみた家庭婦人スポーツ活動における「主婦性」の再生産──ママさんバレーボールを事例として」『体育学研究』五五（二）、五二五～五三八頁。

(23) 大松博文（一九七五）『バレーボールの心』ベースボール・マガジン社、二六～三三頁。

(24) 同上、二三頁。

(25) 同上、二六頁。
(26) 本大会は、香川県教育委員会・香川県バレーボール協会・香川県ママさんバレーボール連盟・OHK岡山放送・四国新聞社・宇多津体育協会・宇多津教育委員会を後援とし、宇多津町が主催するママさんバレーの大会である。香川県宇多津町HP：https://www.town.utazu.lg.jp/machi/tokushoku/gyouji/daimatsuhai/（二〇二一年四月一日確認）
(27) 大松（一九七五）、前掲書、一〇七～一二五頁。
(28) 大松博文（一九七二）『誰のために生きるのか 大松人生論』鷹書房、一一二頁。
(29) 同上、一二五頁。
(30) 大松（一九七五）、前掲書、四八頁。
(31) 同上、五八頁。
(32) 大松（一九六三）、前掲書、八三頁。
(33) 大松（一九七五）、前掲書、五二頁。
(34) 同上、一一七頁。
(35) 同上、一三〇頁。
(36) 大松（一九七五）前掲書、一一五頁。
(37) 大松（一九六三）前掲書、二一〇頁。
(38) 大松（一九七一）前掲書、八五頁。
(39) 村田昇（二〇〇六）「修身教科書」『近代日本の教科書のあゆみ――明治期から現代まで 第一部 明治期から昭和戦前期の変遷』サンライズ出版、二一頁。
(40) 大松（一九六四）前掲書、一〇四～一〇五頁。
(41) 大松（一九六六）前掲書、一四三頁。
(42) 和崎光太郎（二〇〇七）「青年期自己形成概念としての〈修養〉論の誕生」『日本の教育史学 教育史学会紀要』五〇、三二～四四、三二頁。

(43)　筒井清忠（一九九一）「修養主義の説得戦略」『ソシオロジ』三六（二）、一二一～一二六、一二二頁。
(44)　八田の根性に対する考え方や指導方法については、次の論稿を参照。長島和幸（二〇二〇）「八田一朗の「根性」論の独自性に関する一考察――一九六〇年代の「根性」批判と「トレーニング」論の分析を通して」『スポーツ教育学研究』三九（二）、一三～二六頁。
(45)　大松（一九六三）前掲書、一五二頁。
(46)　大松（一九六四）前掲書、一〇四頁。
(47)　大松（一九六六）前掲書、一〇六頁。
(48)　同上、五九頁。
(49)　同上、五九～六〇頁。
(50)　同上、六〇頁。
(51)　同上、二一〇頁。
(52)　新雅史（二〇〇四）「企業スポーツの歴史社会学――「東洋の魔女」を中心に」『ソシオロゴス』二八、一三五～一五一、一四五頁。新は、企業スポーツがいかなる歴史的条件によって創られた産物であったかを、スポーツ空間の変容過程を記述するなかで明らかにしようとし、「東洋の魔女」を取り上げている。一企業スポーツクラブチームが東京五輪というナショナルイベントと節合したことは特異な事例であるが、企業スポーツが日本スポーツ界を支えたという意味では典型的な出来事であったと捉えている。
(53)　作田（一九六七）前掲書、二七三頁。作田は、バレーボールというスポーツは役割分化が比較的少ない画一性が高いと考え、日本人とりわけ婦人の生活習慣に適合するのではないかと推察し、当時の社会状況と女性の社会における上昇志向に関連づけて「東洋の魔女」に言及している。作田は、「東洋の魔女」が、無名の女性たちと同じように、画一性を求められる共同体世界からの脱出のエネルギーでバレーボールに全力を傾倒し、自己実現が叶う世界を求めたのだと考えている。

第3章

競技者としての主体性と卓越への意志

——マラソンランナー・円谷幸吉

戦後日本の再建・復興の象徴とみなされた一九六四（昭和三九）年の東京オリンピック。なかでも、第2章で取り上げた大松博文が牽引し、華々しい勝利を成し遂げた「東洋の魔女」の存在は特筆すべきものであった。その「東洋の魔女」とともに挙げられるのが、円谷幸吉（つぶらやこうきち、一九四〇～一九六八）である。東京オリンピックにおけるマラソン競技で三位入賞し、次のメキシコオリンピックに向けて活躍が期待されたものの、目前に迫った一九六八（昭和四三）年一月に自死したことで知られる。円谷の死があまりにも衝撃的であったことは、彼の死が確認された一九六八（昭和四三）年一月九日の新聞紙面を通して察することができる。新聞各社が揃って次のような見出しで彼の死を報じた。

「円谷選手（マラソン）が自殺「もう走れない」と遺書」「くずれた栄光の座 円谷選手の自殺 足・腰の故障に勝てず メキシコ大会に絶望か」（朝日新聞）
「マラソンの円谷選手自殺「もう走れぬ」の遺書　病気でメキシコに絶望?」（毎日新聞）
「マラソンの円谷選手自殺〝もう走れぬ〟と遺書」（読売新聞）

なお、朝日新聞や読売新聞は翌一月一〇日の一面（「天声人語」「編集手帳」）でも円谷の死を取り上げており、他の紙面でも関係者の追悼文が掲載されていた。

円谷は、なぜ自ら命を絶ったのか。それは、残された遺書にあるように走れなくなったからなのだろうか。たしかに、勝利を一元的に志向する競技スポーツの世界に身を置いたことのある競技者であれば、スポーツとは自分の人生、命をかけて行うものだと本気で考えたことがあるかもしれない。実際に命を絶つことはしなかったものの、自己を限界まで追い込み、燃え尽き症候群（バーンアウト）に近い感覚を味わった競技者も少なくないだろう。

円谷の死は、現代ではどのように語られ、どのような意味が見いだせるだろうか。あるいは、円谷の死は、当時スポーツのもたらす弊害の究極的な事例として取り上げられたが、このスポーツへの批判的な見解が、その後のスポーツ界にどのような影響を与えているのか。

本章では、円谷の自死が現在のスポーツのあり方やスポーツ根性論とどのようにかかわっているのか、現代のスポーツおよび競技者にとっての円谷の自死の意味について考察する。具体的には、（１）円谷の自死の理由やその要因、スポーツのあり方についてどのようなことが語られたのか、（２）その語りは現在のスポーツおよび競技者にかかわるどのような問題を鮮明化するものなのかということについて考察する。

なお、本章では、円谷の自死の現代的意味について考察しようとしているが、円谷がなぜ自ら死を選んだのかという自死の理由や原因を追究しようとするのではない。自死という個人的な行為の理由や原因を追究しても、その厳密な特定や因果関係の立証は困難である。それ故に、本章では円谷の死についてさまざまに語られたことや見解、諸説を対象として考察することとする。

1　円谷幸吉の自死とその背景

はじめに、円谷のライフストーリーに着目し、円谷の死にいたるまでの経緯を概観し、円谷の人間像・競技者像を明らかにしていく。具体的には、円谷の生涯や競技歴について記述された伝記や人生物語[1]、関連資料の内容と、遺族および関係者に対して実施した聞き取り調査[2]による内容とを照合しながら、円谷がどのような人生を歩み、いかなる経緯で自死にいたったのかを確認していくこととする。

（1）円谷幸吉のライフストーリー

円谷幸吉は、一九四〇（昭和一五）年五月一三日、父幸七（こうしち）、母ミツの間に生まれる。兄弟は長男の敏雄、次男勝美、三男巌、四男喜久造、長女富美子、五男幸造がおり、円谷は末子の六男である。円谷が生まれた須賀川町は、福島県の中央に位置する郡山盆地にあり、郡山市の南に位置し周辺は豊かな自然に囲まれた田園地帯であった。

小学校時代の円谷は、特に目立った生徒ではなく、運動においても際立った面は指摘されていない。後述するが、父幸七の厳しく、熱心なしつけの影響があって、円谷は両親の言うことをよく聞く子であったという。その後、中学校に入学してから校内マラソンで一年次に二位、二年次、三年次に三位という成績を残しており、長距離走者の素質を垣間見ることができる。しかし、聞き取り調査で得られた証言によると、中学生の時点では、円谷は走ること自体に興味を示してはおらず、生徒の皆が行うことであったから、真面目に取り組んでいただけであり、長距離走者の素質というよりは円谷の真面目で最後まで諦めずにやり遂げるという性格が表れていたに過ぎないという。この時期には珠算を習い事として熱心に取り組んでいたことから、走ることや陸上競技への興味、関心は、この時点では明確にあらわれていなかったと考えられる。

一九五六（昭和三一）年四月に進学した福島県立須賀川高校では、中学から継続していた珠算部に入部するが、ほどなく退部し、次に剣道部に所属するも三か月を経たずに退部している。その後、速記愛好会に入り、一九五七（昭和三二）年一月に行われた福島県高校速記競技会に個人成績で七位に入賞したが、二年生に進級する前に退会している。

円谷が陸上競技を本格的に始めたのは高校二年生からであった。当時、円谷の兄で五男の幸造が走幅跳と中距離走の選手で全国高校総合体育大会（インターハイ）に出場していた。また、直接聞き取り調査を行った四男の喜久造氏は、余暇に近隣の青年達と走ることを日課としていた。円谷はこのような兄弟の走る姿をみて、興味を示し、走り始めたといわれている。

円谷ははじめ、走ることを父の幸七に隠していた。幸七には、「跳ねっくら（走ること、陸上競技）では飯は食えるか」[3]と叱責されたが、家事手伝いの傍ら隠れて走っていたという。しかし、兄の幸造が陸上競技に取り組んでいることは黙認していたことから、円谷が走ることも概ね認めていたのではないかと考えられる。

一九五七（昭和三二）年五月に、円谷は郡山市主催の第九回憲法発布記念マラソンという一二キロのロードレースに出場した。成績は全体の中位くらいと目立ったものではなかったが、須賀川高校陸上競技部の顧問教諭に勧誘されて入部し、本格的に練習を行うようになった。この頃、兄の喜久造も青年団の活動で「須賀川クラブ」を結成しており、駅伝競走のためのトレーニングに取り組んでいた。円谷はこのチームに練習で参加し、本番では、走者のひとりが急遽出走不可能となったため、代走をつとめ、区間最高記録で区間賞を獲得した。[4]

高校最終学年の年となった一九五八（昭和三三）年、円谷は全国高校総体、国民体育大会に出場した。いずれも入賞はできなかったものの、全国レベルの競技成績を残した。また、その年の駅伝でも好成績をおさめた。一九五一（昭和二六）年から始まり、この年に第八回となった東日本縦断駅伝競走大会（以下、「青東駅伝」と略す）に福島県代表選手として出場した。聞き取り調査における証言によると、この青東駅伝は、東北地方の長距離走者や駅伝愛好者にとって、一年間の練習の成果をみせる特別な機会であり、競技と勝敗を重視する以上に祝祭的な意図で行われたスポーツイベントでもあった。円谷は青東駅伝を最も愛したといわれ、それは自衛隊に入隊した時期に円谷が書いたといわれる次のような作文からも読み取ることができる。

「一年に一度、青東駅伝で、ふるさとみちのくの空気をせいいっぱい吸えるのは、しあわせだ。山あり、川あり、民謡の宝庫であるわがふるさと。素朴で、なんのまじりけもない自然美を備えているふるさと。疲れたとき、ただ、ふるさとを思い出すだけですっきりし、心底からリラックスできるところ。ふるさとよ、いつまでも、変わらないで欲しい。私は、ふるさとを、いつまでも愛し続ける」(5)

高校二年から陸上競技に取り組み始めた円谷は、短期間で全国大会に出場するほどの成績を上げることができた。高校卒業後も競技を続けたいという意思も明確に表れていたという。進路を決める際、自身の成績では実業団チームから勧誘こそされなかったものの、円谷は競技を続けることを考えていた。地元福島県では、常磐炭鉱(6)が陸上競技に力を入れていたことから、円谷は一般受験をするが、不採用となっている。当時の経済状況は戦後復興の途上にあり、「鍋底不況」といわれる不景気で就職難の時期でもあった。就職先が決まらず高校卒業が迫った時期に、円谷は自衛隊隊員を募集するポスターを見つけ、即入隊することを決意したという。父の幸七も軍隊生活を経験しており、入隊に賛成したことが円谷の入隊希望に大きく影響したと考えられる。後述するが、関係者の証言から、円谷は父の幸七の影響を強く受けていたことが指摘されている。

一九五九（昭和三四）年三月に陸上自衛隊の採用試験に合格した円谷は、青森県八戸市の陸上自衛隊八戸教育隊に入隊し、前期教育として三か月にわたる普通科（歩兵）二等陸士の基本教育を受けている。円谷にとって隊内の規律正しい生活は、軍隊生活を送った父の幸七の教育を受けたことから、違和感なくすぐに馴染んだという。前期教育修了後の七月から、円谷は陸上自衛隊郡山駐屯部隊第六特科連隊に異動する。九月末に新隊員教育を修了し、正式配属となった。なお、同年には第一八回オリンピック開催地が東京に決定している。

正式配属になってから、円谷は課業修了後にできた自由時間を使って走り始めたという。隊内にはこの自由時間に運動する者がいたが、同好会やクラブがいくつか存在した程度で、競技として本格的な練習は行われていなかったという。当初は円谷が独りで走る日々であったが、同じ連隊に所属していた隊員と練習をともにし、二人を中心として郡山自衛隊陸上競技部を立ち上げた。

一九六〇（昭和三五）年五月、円谷は第一二回憲法発布記念マラソン大会に出場し、優勝した。その後、東京オリンピックの代表候補に挙げられるまで、円谷は主にロードレースや駅伝、国体を中心として競技大会で記録を更新し続けた。一九六一（昭和三六）年、秋田国体の五千メートルで二位に入賞し、はじめて全国で上位の成績を上げ、同年の青東駅伝では、三区間全て区間新記録で一五人抜きという結果を残した。本格的に競技を始めた須賀川高校二年時からわずか五年という期間で、円谷は急激な成長を遂げるが、同時に無謀な練習量から持病といわれた腰痛に悩まされてきたという。

一九六二（昭和三七）年に自衛隊体育学校の特別体育課程が発足し、東京オリンピックに向けて選手選抜、強化が始まった。自衛隊体育学校は前年の一九六一（昭和三六）年八月に、陸・海・空自衛隊の共同機関として設立され、以前からなされてきた体育教官の養成という機能と、特別課程として選手養成という機能を担っていた。円谷は腰痛の回復が遅れ、一九六二（昭和三七）年一月に行われた入校のための選考記録会に出場できなかったが、選手選考会議において、陸上競技コーチを務めていた畠野洋夫の推薦により入校許可を得た。

コーチの畠野は、円谷がこれまで練習で走り過ぎて、レースの結果に必ずしも効果的に結びついていなかったことを指摘し、練習方法を見直し、長期の練習計画を立て、腰痛の治療についても、マッサージや鍼治療、さまざまな方法を試みたという。自衛隊体育学校入学を境に、円谷は畠野の指導を受けることとなった。

同年六月には腰痛から回復し、一〇月の日本陸上競技選手権に照準を合わせ、練習計画を立てて臨んだ結果、当時主力選手が海外遠征で不在ではあったものの、五千メートルと一万メートルで優勝した。この成績が認められ、円谷はオリンピック強化選手に選ばれた。同時に日本陸上競技連盟（以下、「陸連」と略す）から強化コーチとして西内文夫が派遣されたことで指導体制が調整され、トラック競技の技術指導と練習計画の作成、管理は西内が担当し、競技スケジュール管理や生活管理、ロード練習等は畠野が担当することとなった。このようにコーチとマネージャーが専属で円谷につくことで東京オリンピックに向けた指導体制がつくられていった。また、西内が中央大学陸上競技部監督も務めていたことから、円谷は中央大学陸上競技部との交流をもつようになった。

一九六三（昭和三八）年、円谷は中央大学第二経済学部産業経済学科に入学した。自衛隊幹部候補生学校の受験資格を得るためであったという。幹部候補生試験の受験資格は二等陸曹となって得ることができるが、大学卒でも取れるものである。円谷は、幹部候補生学校に入学し、体育教官になるという引退後の指導者としての人生を視野に入れていたのではないかと考えられる。

同年、円谷はおよそ一か月に及ぶニュージーランド遠征にオリンピック強化選手として参加した。そこで行われた国際競技大会二万メートルで準優勝ながら世界新記録を出した。その後のオーストラリア・シドニーで行われた一万メートル記録挑戦競技会で五位に入り、日本新記録を出し、遠征の成果を示した。帰国後、一〇月にはプレ・オリンピックに出場し、五千メートルは日本新記録で五位、一万メートルは大会新記録で四位という結果を残した。

当時の日本陸上競技は、世界の長距離種目のスピード化傾向に対応できず、トラック種目ではメダル獲得が困難であるとされ、円谷が専門としていた五千メートル、一万メートルでも同様の見解が示されていた。東京オリンピック強化本部で陸上競技を担当していた織田幹雄は、トラック長距離種目の競技者をマラソンに転向させることで、マラソンのスピード化へ対応しようと考えていた。織田は、一万メートルのオリンピック選手候補に挙げられていた円谷にマラソン転向を打診した。円谷とコーチの畠野も同意し、翌年の三月の中日名古屋マラソンへの出場が決定した。

東京オリンピックの開催年である一九六四（昭和三九）年、円谷は正月から合宿に参加し、三月には中日名古屋マラソンに出場し、初マラソンながら五位に入った。この時、四月に行われる東京オリンピックマラソン選手の選考レースへの出場資格を得ることができた。コーチの畠野氏は、五千メートルや一万メートルといったトラック種目の成績を向上させるためのマラソンと捉えていたため、出場には慎重な姿勢を示したが、円谷は出場を強く希望した。東京オリンピック強化本部の織田、強化委員の田島直人らと協議の結果、代表選考レースである毎日マラソンに出場が決定した。初マラソンから三週間という短い期間であったが、円谷はこの毎日マラソンで二位となり、ほぼ決定していた一万メートルの代表に加え、マラソンの代表選手にも選出された。

東京五輪男子マラソン、力走する円谷幸吉選手。
（提供：朝日新聞社）

円谷は、東京オリンピックマラソン代表選手に決定後も順調にトレーニングをこなした。六月には国体五千メートルに出場し、日本記録を更新した。七月から八月まで強化合宿に入り、八月には練習の一環として北海タイムスマラソンに出場し、同じマラソン代表選手の君原健二に次ぐ二位という結果を残した。その一週間後の記録会一万メートルにおいて、この年の世界最高記録を出して優勝した。その後、コンディションの調整段階に入っても円谷は好調を維持し、本番を迎えた。

一九六四（昭和三九）年一〇月一〇日、東京オリンピックが開幕した。円谷は一四日の一万メートルで六位入賞し、一週間後に行われた最終日のマラソンでは三位入賞し、この大会の陸上競技種目唯一のメダル獲得者となった。また、陸上競技種目では一九三六年のベルリンオリンピック以来二八年振りのメダル獲得であった。東京オリンピック終了後、円谷は自衛隊から栄誉第一級防衛功労賞を受けたほか、さまざまな団体から賞を受けた。また、全国の公共機関や施設から式典、行事の招待、講演依頼等を受け、各地を訪問するとともに、国際親善競技大会に出場するため海外へ派遣されるなど、過密日程を送ったという。円谷は東京オリンピックにおける活躍によって一躍「国民的ヒーロー」となった。

東京オリンピックで活躍した円谷は、翌一九六五（昭和四〇）年も、各地の講演や競技大会に招待され、本格的な競技大会に出場したのは八月を過ぎてからであった。競技には復帰したものの、成績は前年の記録には程遠いものであった。八月末に出場した北海タイムスマラソンでは、三〇キロ地点手前で途中棄権している。一〇月の国民体育大会では二位、青東駅伝で区間新記録という結果を残したが、前年の記録には程遠いものであった。

一九六六（昭和四一）年、円谷は福岡県久留米市の陸上自衛隊幹部候補生学校に入学が決まり、およそ八か月間の教育を受けた。この期間は勉強に追われ、競技大会には出場できず、練習時間を確保するのが困難であったといわれている。同年、円谷が自衛隊体育学校に入校したときからコーチを務めてきた畠野が北海道へ転属となり、新たな担当コーチに宮下忠憲が配属された。宮下は専門競技種目がハンドボールであったため、練習に関しては円谷が自ら計画し、実践する形式となった。この年は幹部候補生学校における教育期間があり、競技成績では青東駅伝出場、三区間とも区間賞という結果のみに終わっている。

一九六七（昭和四二）年一月、円谷は陸上自衛隊三等陸尉に昇進し、体育学校の教官となった。この時期に腰痛が再発したが練習を続け、「円谷と一緒に走ろう」という趣旨で開かれた第一回青梅報知三〇キロマラソンでは、招待選手であったこともあり、腰痛をおして強行出場して二位となり、最低限の期待に応えるにとどまった。また、読売水戸マラソンでは、有力選手が出場していないにもかかわらず九位という成績に終わった。

不振が続くなか、同年五月には全日本実業団陸上競技大会に五千メートル、一万メートル、二万メートルの三種目に出場するという競技日程上無理なエントリーを組み、全て出場するも、五千メートル六位、一万メートル三位、二万メートル七位と、どの種目にも優勝することはできなかった。

この大会後、円谷は実業団の強化合宿でアキレス腱を痛めた。症状は軽いものであったが、椎間板ヘルニアが主原因となっていたことを本人も理解し、八月に入院し、アキレス腱と椎間板ヘルニアの治療のための手術を受けた。術後、円谷が退院したのは一一月のはじめになってからであり、およそ三か月の長期入院であった。症状は良くなったが、あくまでも競技をしていない一般人にとっての回復であって、競技者としてさらに高い身体機能を回復させるには長期的な療養と計画的な練習が必要とされた。一二月二五日から二九日まで行われた合宿では、コーチの宮下が円谷の引退を現実のものとして考えたほどの状態であったといわれる。

メキシコオリンピック開催の年である一九六八（昭和四三）年、円谷は年末年始を実家で過ごし、一月五日に自衛隊体育学校の宿舎に戻った。そして八日未明に、自室において剃刀で右頸動脈を切って自死した。翌日の朝、休暇から戻った同室の隊員に発見された。自室には家族と自衛隊関係者に宛てた遺書が残されていた。享年二七歳であった。

(2)　円谷幸吉の人間像および競技者像

前項では、円谷幸吉に関する伝記と聞き取り調査をもとに、円谷の生涯と競技歴を概観した。以下では、円谷の生涯や陸上競技にかかわった周囲の人間が円谷をどのようにみていたのか、円谷はどのような人間であったかという点に着目し、関連する諸説や見解から円谷の人間像を明らかにしていく。

円谷の幼少期における人格形成に影響を与えた要因のひとつに父の幸七の存在が挙げられる。円谷についての伝記では幸七の教育について、その特異性が語られている。幸七は、子供への教育については「自分のことは自分でせよ」「他人に迷惑をかけるな」「やり始めた事は、最後までやりとげよ」という方針をもち、しつけは厳しかったという。聞き取り調査を行った際に、喜久造氏は「呼ばれたら返事を、人には挨拶を、履物を揃える（整理整頓）、自分のことは自分でする」という円谷家の決まりごとを語っている。

父幸七が厳しくしつけた理由として、幸七の兄弟の協力や助け合いの欠如、家業に対する怠惰が円谷家を崩壊直前まで追い込んでしまったことが挙げられている。[7] このことについては、円谷が東京オリンピック出場を決めた一九六四（昭和三九）年の夏に、幸七が次のように語っている。

「親戚とか知り合いに子どもが不出来で苦労している家があったのですよ。怠け者を作れば家がつぶれてしまう。そういう子どもの親は大変に苦労して、子どもによって自分が滅びるようなことにもなる。……子どもを甘やかせば子どもも不幸になるし、親も苦しむし、……子どもについて深く、よーく考えて、満足な者にしねっと、我が家は出来上がらねえということです」[8]

幸七の教育は率先垂範といわれた。「子どもを自分が考えるようにしつけるには、まず親の自分からやることをやらなければだめだね。アゴで子どもらを動かすようなことではだめだ。自分からこうやるんだと手を出して見せる。満足に仕込むのであれば自分がやらねばだめです」[9]と語っている。

父幸七は、軍隊生活を経験していたこともあり、子供達を庭に整列させ、号令訓練、銃剣術の訓練を行わせていた。同じ誤りや怠慢を繰り返せば鉄拳をふるい、情け容赦なく叱りつけたといわれる。近所では頑固者といわれ、土地の争いでは、その土地の来歴を徹底的に調べ、自分のものにすべきでないと知ると簡単に手放したという。一九四六（昭和二一）年に占領政策の一環として農地解放令が出され、農地を実際に耕していた小作農に分配するときも、父幸七は、どの家がどの農地を耕作していたか厳密に確認して、不正に土地を得ようとする者を許さなかったという。[10]

円谷の中学時代の担任教諭は、東京オリンピック後の一九六五（昭和四〇）年の地元福島のラジオ番組で次のように語ったという。

「私は何べんも家庭訪問に行きましたけれど、お父さんも非常にまじめな方でした。隣近所の評判者ですわね。同級生の子どもたちも円谷があいうふうにしっかりやるのは、お父さんが立派だからなんだという。家族の人たちもみんな立派なんだと。まわりで評判の家なんです。そういう話を聞いて、また家庭訪問をして、たしかにこの親があってこの子ができたという感じを持って家庭訪問から帰ってきたものです」[11]

自衛隊体育学校で円谷のコーチを務めた畠野は、円谷家と家族同然の付き合いをしてきており、幸七とも交流があった。畠野は、幸七について次のように語っている。

「お父さんはやはり厳しい方だったが、ただやかましいだけではなくて、相手を理解しながら厳しい注文をつけるという方だった。円谷君は末っ子だったし、一番お父さんの影響を受けたのではないか」[12]

円谷は、自衛隊入隊後も父幸七の言いつけを守り、風呂に入る時は衣服をきれいにたたみ、人と会えば挨拶を欠かさずにするなど、父幸七の言いつけを守っていた。このことについて円谷の兄の喜久造は、「上の兄弟が父に叱られたり、褒められたりしていたのを模範として見ていたから、自然と親に叱られない振る舞いができるようになったのではないか」[13]と語っている。

父の幸七については、その独特の個性が指摘されているが、それは「土着的、農村的倫理を頑固なほど純粋に叩き込んだ」[14]だけなのだともいわれる。兄の喜久造も、「毎日仕事があるわけで、それをやらずに遊んでいると厳しく叱られたが、それは農家では当たり前のこと」[15]だったと語っている。父幸七の教育は、当時の農村における教育の典型的な例であって、現在からみれば特異に感じられても、当時はそれほど珍しいことではなかったとも考えられる。

円谷の陸上競技への取り組みにおいても幸七の影響があらわれていた。円谷が小学生の頃、運動会の徒競走で先頭の生徒が、後続を気にして振り返りながら走っていた。それを見て、幸七は「全力で走っていればいいのだ。いちいち後ろを振り向いて勝ち負けを計るような事をしてはならない」[16]と諭した。一九六四（昭和三九）年の東京オリンピックで、マラソンのゴール直前に、円谷はイギリス選手に抜かれて三位となったエピソードがある。競技場に入り、ゴールまであと少しというところで背後にイギリスの代表選手ヒートリーが迫っていた。ここでも円谷は後ろを振り返って確認することなく、ヒートリーに抜かれて三位でゴールした。競技場で大観衆が見守るなかでの出来事であったため、オリンピック終了後も、円谷とヒートリーの順位争いは印象的な場面として取り上げられ、「後ろを振り返らない」という幸七の教えが注目されたといわれる。このように、幸七の教育を最も素直に受け入れたのが円谷であり、彼の性格の中核を形成したと考えることができる。

上述のことから、円谷はどのような人間であったかを考えるとき、父の幸七の影響を強く受けていたことが推察される。では、円谷の周囲の関係者は、彼の人柄や性格をどのように捉えていたのか。以下では、円谷の人間性を具体的に示している記述を取り上げる。

円谷の父の教えを守る姿勢は学校生活においてもあらわれていた。小学校四年から六年まで円谷を担任した教諭は、円谷について次のように語っている。

「小学校の子どもっていうのは、お掃除なんていうのは嫌いですから、私が監督しないでちょっと用事があって教室を外したりしますと、そっちの方に三、四人集まったり、箒を振り回したりして騒いだり、遊びの相談をしたりしているものなんです。円谷さんはそんなときでもひとりでこつこつとお掃除をやっていたんですね。自分がやることはやる、真面目にやるっていう、おとなしいなかにも強い一面を持っていたわけなんです。」[17]

この他に、トイレ掃除を進んで行ったことや、当時の環境衛生の悪さから保健所主催で行われていた蠅取り競争で優秀な成績をおさめたことなどが語られている。

では、陸上競技を本格的に始めた円谷に、性格や人間性の変化はあったのか。自衛隊体育学校で円谷のコーチを務めた畠野は、一九六〇（昭和三五）年の一二月、富士山麓で行われた自衛隊全国管区対抗駅伝で円谷と出会った。畠野は「初めて会って話した時は、『朴訥な田舎の好青年』といった感じだった」[18]という第一印象を語っている。そして、このときのレースでは持病の腰痛で競技成績が振るわなかった円谷が、走り終えた直後に姿を消し、襷をつないだ次の区間を走って移動し、翌日には頭を丸刈りにしてチームに詫びたという。畠野は、このような責任感の強さが円谷の持ち味であったとし、同時にこの持ち味が、彼のその後の人生に禍となったのではないかと推察している。畠野は、自身が曲がったことが嫌いな性格であり、自衛隊では部下に対して厳しい生活指導をしていたと回想している。円谷もまた、上述したような真面目で責任感の強い性格から、畠野と相性が合っていたのではないかといわれている。

自衛隊体育学校第二代校長の吉井武繁は、円谷について「土臭い若者」という第一印象を持ち、「素朴な奴だった。今どきこんな男がいるのか、とあきれたくらいだ」[19]と語っている。吉井のこの「あきれ」方には、賞賛だけではなく、これで世の中を渡っていけるのかという危惧も含まれていたと考えられ、円谷の一直線に張りつめたような神経が危ういものと思えたのだろうと推察されている。[20]

円谷は融通が利かない単なる頑固者であったかといえば、必ずしもそうではなかったという一面も語られている。畠野によれば、一九六三（昭和三八）年に参加したニュージーランド遠征後、円谷はそれまで一切飲まなかったアルコール類をビールに限って嗜むようになったという。また、仲間とふざけたり、冗談も言うようになったりもしたという。競技実績を上げ、さまざまな折にできた交友関係から影響を受けて、円谷の内面にも変化があったのだと考えられている。しかし、東京オリンピック前後で、一貫して謙虚な対応をし、東京オリンピックでマラソン銅メダルという成績を残しても偉ぶることはなかったという。

このような円谷の謙虚な姿勢を示す事例として、円谷が初めてマラソンを走った、東京オリンピック直前の中日マラソンにおいて、走っている途中に取った給水用の容器を、レース中にもかかわらずわざわざゴミ箱に捨てに行ったということが取り上げられた。また、畠野が北海道へ転属になった後、手紙のやり取りの中で、畠野がいなくなって「自分のことを叱り命令してくれる人がいなくなった、すべて自分の思うようになる、それが辛い」[21]と述べている。

これには、畠野が「贅沢なことを言うな、と叱ったが、円谷君ならではの悩みであったのでしょう」[22]と語ったように、規律に忠実に従うことで存在が際立つという円谷の人間性が明確にあらわれていたといえる。[23]

（３）　円谷幸吉のスポーツ（陸上競技）観

上述したような円谷の独特な人間性が、陸上競技、長距離走に対する考え方にもあらわれていたと考えられる。円谷のスポーツ競技歴は、高校時代の陸上競技を始める前に、剣道部に所属していた以外にはスポーツ実践歴は確認できない。剣道も、短期間のうちに退部していたため、実質的には陸上競技の長距離種目に限られる。自衛隊の幹部候補生学校所属時には、円谷が特に水泳を苦手としていたことが関係者から語られているほどであり[24]、陸上競技で優れた成績を残した他にはスポーツ種目を経験していないと考えることができる。したがって、本項ではスポーツのなかでも陸上競技に特定して、円谷の陸上競技観について検討する。

陸上競技を始めてから、円谷はレースで最初から最後まで全力を尽くし、諦めないという姿勢が頻繁に指摘されている。喜久造氏は、高校時代の円谷の競技について「決して速い選手ではなかった。しかし、最後まで諦めずに粘ったおかげで勝つことがあった[25]」と述べている。このことを示すエピソードが次のように語られている。円谷が高校三年時に出場した全国高校総体では、当時顧問を務めていた細谷光から、事前に「最初から飛び出し、行けるところまで行け[26]」という指示があった。円谷は最初から先頭に立って全力で走り、後半に力尽きて順位を落としたが、当時の自己最高記録を出した。陸上競技のトラック種目は、ほとんどの種目で予選と決勝がある。決勝で最も良い成績を上げようと考え、予選では余裕をもって走ろうと考えるのが一般的である。しかし円谷は、予選から決して手を抜かなかったといわれる。東京オリンピック以前に行われた一九六四（昭和三九）年の国民体育大会五千メートルでは、予選から記録を狙い、当時の日本記録を樹立した。決勝でも予選とほぼ同タイムで優勝した。畠野氏によれば、自衛隊での競技においても、上述のように、予選から手を抜かずに全力で走るということが多かったという。

既述のように、円谷は競技中も父幸七の教えを守り、決して後ろを振り返らなかったという。マラソンでは他の選手と競う際に、特に終盤では「駆け引き」というものが重要視される。相手の持久力やラストスパートの機会を探り合うことや、後続との距離を確認する際に、後ろを振り返ることは一般的であり、それはマラソンや長距離走の技術的、戦術的な問題であるといえよう。しかし、父幸七の教えを守って走った円谷は、勝利のために必要な技術、戦術を放棄していたと考えることができる。円谷にとっては、競争する相手への対抗意識よりも自分がどれだけやれたか、全力を尽くしたかどうかということに重点が置かれていたことが推察される。

東京オリンピック後に円谷自身が筆記し、日本陸上競技連盟に提出したマラソン競技者調書[(27)]には、各項目に対して以下のような内容が記述されている。

◆マラソン競技者の心構えについて
①完走の精神
②トレーニングは意欲的に、レースは無欲で
③全ゆる条件下においての体験
④理屈抜きのトレーニング
⑤トレーニング・栄養・休養、三つのバランス
⑥精神の統一及び勇気
◆マラソンを通じての喜びと悲しみについて
「毎日健康な生活を送れしかも生きて居ると云う事をつぶさに感じていること、故障してトレーニングが出来ぬ時や、レースに臨んで実力不足及び出し切れなかった時」

◆マラソンを通じての人生観、社会観について

「マラソンはごまかしがきかない、真面目なスポーツである。自己を裏切れば、その結果が成績として現われる。正しい生活、正しい精神、正しいトレーニングより実力が発揮される。マラソン即人間教育であり、社会教育と考える」

◆今後マラソンを志す若い競技者が心がけねばならぬ点

「人間が造り出した文明の利器に便《ママ》り過ぎてはいけない。科学的な裏付けは必要であるが、トレーニング、その他生活面においては非科学性であった方が、精神面、堅忍持久の精神が生れるものと思う。便利主義は人間を弱める。野生的な実力は野性の中に生れると思う」

「全ゆる環境に順応出来る身体と精神力、これがその本人をより前進させる根源と思う」

上述の内容から、円谷は陸上競技、マラソンでは理屈よりもトレーニングを積むことや競技を通じて精神を鍛えることで、最終的には自己の成長につながるという競技観をもっていたといえる。円谷が好んだ「忍耐」という言葉はこれに通じるものといえる。

このように、マラソン競技者調書や円谷の競技に関する言動から、全力主義的、精神主義的なスポーツ・競技観を見いだすことができよう。それはまた、東京オリンピックを重要な契機として成立した根性とも重ね合わせられ、周囲からの支持も得られていたと考えられる。第1章でみてきたように、東京オリンピックに向けた選手強化対策のひとつに「根性づくり」が考えられていた。円谷自身は根性をどのように捉えていたのかということについては結章で取り上げるが、当時の競技者の精神的基調を体現していたと推察することができる。

しかし、上述のようなスポーツ・競技に対する見解から円谷の内面や人間性を正確に描き出すことができる

だろうか。作家の沢木耕太郎は、円谷を「規矩の人」と評している。[28]自衛隊という組織、環境に身を置いていたということもあったためか、生活から言動までほとんど規格通りであるがゆえの「哀しさ」を沢木は読み取っている。[29]上述の競技者調書の内容からも、規矩に忠実に従った「国民的ヒーロー・競技者」としての円谷が想像されるにとどまっているといえる。

むしろ、「須賀川出身の長距離走者」としての円谷をとらえることが、彼の実像により迫ることができるように思える。長距離走者・円谷の原体験は、農村を駆け回り、青年団で駅伝を走っていた兄の後を追いかけて一緒に走り、走ることの魅力や喜び、楽しさといった快感情にふれたことではなかっただろうか。

（４）「円谷幸吉物語」の生成

本章ではここまで、円谷に関する伝記と聞き取り調査の内容を手がかりとして、円谷の生涯と競技歴を概観してきた。また、円谷の生涯や陸上競技にかかわった周囲の関係者による円谷という人間像あるいは競技者像について、関連する諸説や見解を参照しながら検討してきた。

すでに触れたように、これまでに円谷に関する伝記や人生物語は数回にわたって出版掲載されている。そこで語られている内容をまとめると、概ね以下のように説明される。

一九四〇（昭和一五）年五月、福島県須賀川（すかがわ）の農家に七人兄弟の末っ子として生まれた円谷幸吉は、人格形成に多大な影響を与えたといわれる父の円谷幸七に土着の農村倫理を教えられて育ち、やがて兄の円谷喜久造らの影響で走ることに興味を示し、県立須賀川高等学校二年から本格的に陸上競技を始めた。高校卒業後、自衛隊に所属してからも陸上競技を継続し、記録や競技成績の面で飛躍的な成長をみせ、日本を代表する競技者となっていった。そして自衛隊体育学校に入校し、コーチを務めた畠野洋夫らの指導をうけ、東京オリンピックのマラソン競技で銅メダルを獲得した円谷は、一躍国民的な英雄とみなされた。その後は、周囲から期待をうけながら競技成績は不振に陥り、故障によって走れなくなった身体と、求められたメキシコオリンピックにおける勝利への期待との間でひとり苦悩し、一九六八（昭和四三）年一月に自ら人生に終止符をうった。

物語では、上述の内容に加えて円谷の人間性やマラソン競技観、人間関係など私的な側面についても、数回にわたってほぼ同様の事柄が述べられている。

上述のような円谷に関する一連の物語（以下「円谷幸吉物語」と表記する）は、近年においても新聞や雑誌等で確認することができる。たとえば、『読売新聞』では、一九九九（平成一一）年一〇月七日から九日にかけて「スポーツ一〇〇年・円谷幸吉とその時代」という特集が掲載された。大衆雑誌においても、円谷の生涯と死についての記事を確認することができ、上述の「円谷幸吉物語」の内容を概ね引き継いだものとなっている。[30] この物語が円谷幸吉という人間像を構成しており、現代において円谷に関する中心的な物語として位置づいているといえる。

「円谷幸吉物語」は、円谷という人間像を規定するうえで、その内実を具体化する役割をもっており、実際に物語のなかで触れられた円谷の性格や生活態度から、「実直で真面目」、「努力の人」という指摘がなされている。競技者としても、当時の精神的基調といわれた「根性」を体現し、東京オリンピックで競技場に日の丸を掲げた国民的ヒーローとしての競技者像が付与されている。[31]

2　円谷幸吉の自死の要因に関する諸説

「円谷幸吉物語」は、新聞や雑誌等において語り継がれていくことによって、現在における円谷幸吉という人間像あるいは競技者像を形成し、悲劇の長距離走者・円谷幸吉という人間が一般的に認知される状況を生み出しているといえる。

しかし、何よりも円谷の存在を特別なものにしているのは、その結末としての自死があったためと考えられる。以下では、円谷の自死の要因についてどのようなことが語られたのかを関連する諸説を取り上げて確認していくこととする。

(1)　円谷幸吉の遺書

まず、円谷の死についての関係者の証言や専門家の評論、円谷の遺書[32]とそれについての評論を取り上げる。

円谷の死は、当時各紙で取り上げられており、関係者の証言が掲載されている。東京オリンピック日本選手団団長を務めた大島鎌吉は、「メキシコ・オリンピックの年を迎えて自衛隊内部をはじめ期待が大きく、これが精神的な負担となり、挫折感が一つの動機(自死の:筆者注)となったのかもしれない」(毎日新聞一九六八年一月九日付)と語っている。読売新聞でも一面で円谷の死を取り上げ、不調でも勝利を期待された円谷が「まじめすぎる性格のため、必要以上に自分自身をさいなむことになったのではないか」(読売新聞一九六八年一月一〇日付)という見解を示している。

また、円谷が郡山自衛隊に所属した時代に、円谷とともに陸上競技部の創部に貢献した同僚は、円谷の死の理由について「なにかいろいろなことが、一度にワッと頭に押しかけ、発作的に首を切ってしまったように思える」[33]と語っている。

自衛隊体育学校の上司や同僚の話では、記録の不振をひとりで悩み、ノイローゼになって発作的に自殺したのではないかといわれている[34]。また、自衛隊で円谷のコーチをつとめた畠野は次のように語っている。

「円谷君の本当の死因は本人にしかわかりません。自衛隊という組織が殺したとも言われました。確かにどこの隊でも同胞として扱われるので自衛隊の代表という意識と、自衛官である以上、お国のためという考えはあったでしょう。でも、最大の理由は走れなくなったからです。彼はそれほど責任感の強い男でした」[35]

上述の新聞記事や関係者の証言からは、走れないことに思い悩んだ円谷が、突発的な行動で死んでしまったと推測されていたことがわかる。

円谷の責任感の強さについては、ともに東京オリンピックでマラソン競技に出場し、円谷の死後、メキシコオリンピックで銀メダルを獲得した君原健二も、畠野氏に共通するエピソードを語っている。君原は、円谷と走った最後のレースで、円谷が「メキシコオリンピックでもう一度メダルをとることが国民との約束である」[36]と告白し、悲愴なまでに自らを追いつめていた様子を語っている。

このような円谷の責任感の強い几帳面な性格のほかに、後に明らかになった結婚の問題と、それを原因としたコーチ畠野の転属といった、人間関係において周囲から隔離され、孤独な立場におかれていった境遇、競技成績の不振といったことが、円谷の自死の私的な要因として少なからず影響を与えていたと考えられる。

そのほか、円谷の自死の理由につながるような記述として、円谷が残した遺書とその評論がある。円谷の遺書は、主に小説家、作家のあいだで取り上げられている。

三島由紀夫は、産経新聞において「それは傷つきやすい、雄雄しい、美しい自尊心による自殺であった」と評し、「円谷選手のような崇高な死を、ノイローゼなどという言葉で片付けたり、敗北と規定したりする、生きている人間の思い上がりの醜さは許しがたい」と述べ、円谷の自死の理由に関する一部の見解を批判した（産経新聞一九六八年一月一三日付）。

川端康成は、「この簡単平易な文章に、あるひは万感をこめた遺書のなかでは、相手ごと食べものごとに繰りかへされる『おいしゆうございました。』といふ、ありきたりの言葉が、じつに純ないのちを生きてゐる。美しくて、まことで、かなしいひびきだ」[37]と述べ、その文体、表現を称賛した。また、家族とともに過ごした正月でふるまわれた食べ物に対する感謝を、兄弟や親せき一人ひとりの名前を呼びながら別れの言葉として遺したことを「千萬言もつくせぬ哀切」[38]と評している。

沢木耕太郎は、上述の川端の評論をうけて、円谷の遺書はたしかに印象的であったが、「ただ単に『哀切である』というのとは違う、もう少し心の奥にざらりと触れてくる、いわば『異物感』のようなものが含まれていた」[39]と述べている。沢木は、この「異物感」について「声をあげて読んでみればわかるが、円谷の遺書には、幼い頃きいたまじないや呪文のような響きがある。農村の奥深く眠っている土俗の魂が秘められているようにも思える」[40]と述べている。

松永伍一は、「血族共同体への回帰とその反逆」と題した論文のなかで、円谷と遺書について次のように述べている。

「遺書はかれの「死」の弁明ではなかった。「生」への最後の甘えであったとおもう。栄光のかげで消されていたものを、体力の限界に気づいたときはじめて取りもどそうとした円谷幸吉の人間への目ざめは、遅鈍という感じを抱かせるが、しかし死に向い遺書をしたためた瞬間、言い知れぬ自己への甘い回帰をはたしえたものだと想像できる。かれは虚像の自己にあいそをつかし実像のなかにはいっていくことによって、国家権力から自由になった己を見たのではあるまいか」(41)

松永は、遺書の中から円谷の人間像の二面性を指摘している。それは国家という幻想に包摂された競技者としての円谷と、福島県の須賀川という地域に生まれ、農村共同体のなかで育った円谷である。福島県須賀川に生まれた円谷の土着の精神性と、自衛隊という国家権力の庇護の下で忠実にその役割を演じようとした精神性とは相容れないものであった。松永は、円谷が「「国家」という抽象的な力を重く感じてそこから逃れるため」に自死を選び、「血族共同体の温もりへと回帰」することを望んだのだと評している。(42)

円谷の遺書は、家族宛と自衛隊の上官宛の二通が残されていたが、内容もそれぞれに使い分けられていた。家族に宛てた方では、「美味しゅうございました」という食べ物と家族の名前を結びつけてひとつひとつ克明に記されている。もう一方の上官宛では、詫びの言葉で終始し、自衛隊に所属していた当時の規格通りの印象を与えている。遺書の使い分けは、松永が指摘した円谷の二面性にそのまま当てはまる。

円谷が競技者として自己を放棄し、土着的な農家育ちの自己への回帰を求めたのであれば、最後に残された遺書に記された「もうすっかり疲れ切ってしまって走れません」ということはそのまま自死の理由として考えられる。

このように、小説家・作家による遺書の解釈では、円谷の土着の精神性が強調されている。それは、円谷の競技者としての精神性とは別に、福島県須賀川という農村共同体に生まれ、そこで育まれた円谷の本来的な自己とその精神性が注目されたといえよう。

円谷は、近代スポーツの日本的な解釈とそれによって醸成された「空気」のなかで、大衆の創り出した虚構としての「国民的ヒーロー」像に自己を投影していった。しかし、競技者としての限界を自覚したとき、それまで抑圧されていた実像としての自己との乖離に気づいたのであり、そこへの回帰は死によってしか果たせなかったのではないだろうか[43]。

(2) 円谷幸吉の自死に関連したスポーツ批判

本章ではここまで、円谷の自死にいたる経緯と円谷の自死の要因についてどのようなことが語られたのか、「円谷幸吉物語」における関係者の証言や専門家の評論を対象として検討してきた。以下では、円谷の自死の要因について、競技スポーツと関連した諸説や見解を取り上げ、検討していくこととする。

スポーツ評論家の川本信正は、戦後のスポーツ界を形成したのは大学のいわゆる体育会、実業団や社会人と呼ばれる企業の運動部であったとし、アマチュア・スポーツの総合団体である日本体育協会（現・日本スポーツ協会）を支えたのは「高校・大学、企業、自衛隊・警察の三系列であった」と述べている。また、「体協の体制下で、スポーツ技術の専門化と高度化を志向するスポーツが、国威発揚のため、学校の名誉のため、企業の宣伝のため、郷土の誇りのため、士気昂揚のためといったぐあいに、常に何かの〝手段〟にされてしまうこと[44]」が、日本のスポーツの特徴であると指摘している。

また、スポーツ倫理学・教育学者の友添秀則は、日本的なスポーツ社会の構造的特質のひとつに、「勝利至上主義的傾向を有するか、あるいはそれに志向する[45]」性質があると指摘し、第三者の期待によって、スポーツが目的意義を離れて手段化され、勝利が第一義となる事例として円谷の自死を捉えている。友添によれば、円谷の自死は、当時のスポーツ関係者にとどまらず社会にも大きな影響を与えたとされ、自死の要因については、社会的な圧力と円谷の体力の限界との板挟みによるものと考えられている。

川本や友添の見解から、次のように推察することができる。つまり、勝利至上主義が絶対的な権威をもつスポーツ社会では、勝利が完遂できなくなった時、競技者として自己を規定していた絶対性は喪失され、その社会から自己を抹消し、時には自死にまで自己を追い込んでしまうのではないか、と。

上述のことは、本書の序章において取り上げた日本のスポーツの勝敗をめぐる価値観に関連する見解に通じるところがある。第1章で検討したスポーツにおける「根性」も同様の性質を有していたと考えられ、同時に円谷の時代の支配的なスポーツの価値観であったと考えられる。

体育・スポーツ教育学者の中村敏雄は、円谷が死にいたった同年の九月に著した『近代スポーツ批判』の冒頭において次のように述べている。

「人間は受動的にスポーツに接しているのであって、自分たちのより人間的な生活の中の文化享受という形でスポーツをとらえてはいない。だから、その極限状況の中では、円谷選手の自殺に代表されるような悲惨な人間疎外状況も現われてくる」(46)

その後も中村は、円谷の死をはじめ農大ワンダーフォーゲル部員しごき死事件や国民体育大会のいわゆる「ジプシー選手」(47)の問題で自殺した選手の事例を挙げ、これらは「近代スポーツの包摂している論理にとりこまれ、そこから脱出することができずに殺されたり、自殺したりした例」であり、「このような疎外状況下におかれたスポーツ好きの国民大衆の頂点に存在し、ついには人間疎外の極限としての死に追いやられたものといってよい」[48]という見解を示している。

上述のように、円谷の死を通して、日本のスポーツの精神主義的、勝利至上主義的なスポーツ観とその問題性が指摘されている。また、円谷の死はスポーツがもたらす疎外状況の究極的なかたちとみなされ、中村が述べたような近代スポーツの論理から円谷の自死の要因が捉えられたといえる。

スポーツの歴史・社会学者の関春南は、一九七〇年に著した論稿の冒頭で、先の中村と同様に農大ワンダーフォーゲル部員のしごき死と円谷の死を取り上げ、次のように述べている。

「これらの事件は、たまたま〝死〟という事実が出現したために表面に浮び上ったに過ぎないのであって、われわれは現在これに類した状況をスポーツ界の中に見い出すのにさしたる苦労を要しないのである。(中略)この二つの事件が象徴的に示している非人間的・反民主主義的性格は、単にそれが孤立し無縁のものとしてあるのではなく、今日の日本スポーツ界のもつ体質や理念と不可分の関係の中で生み出されてきたものであると考える」[49]

関は「日本スポーツ界」の対象を日本体育協会に限定して捉え、その「理念」を協会の支配的なスポーツ観と規定している。この支配的なスポーツ観は「オリンピック主義」といわれ、オリンピックで勝利することを至上の目的とし、それを支える社会構造をもオリンピックへ動員していくものであったと述べている。また、それを成立させるための政治や経済、思想を含めた社会体制が「オリンピック体制」として捉えられている。[50]

関は、円谷の死をわが国のスポーツ界の「非人間的・反民主主義的性格」の象徴として捉えており、円谷の自死の要因を、当時のオリンピック主義のスポーツ観およびオリンピック体制に見いだしたといえる。

スポーツの歴史・社会学者の内海和雄は自衛隊におけるスポーツを取り上げ、東京オリンピックに果たした役割について考察するなかで円谷の死を取り上げている。その要因について、内海は、多くの論者が国民の期待と自らのコンディションのギャップに悩んだと指摘しているが、円谷のコンディションを崩した要因は自衛隊にあったのではないかと考える。(51) 東京オリンピック後、円谷は練習の時間もままならないほどに各地の講演やロードレースに招待され、職務としてそれをこなしたが、この職務は本人の意思とは別に決められていったことや、東京オリンピック銅メダリストとして、出場する大会には勝利が求められ、コンディションが整わないなかでも円谷は期待に応えようと努めたことが推察されている。内海は、円谷が自衛隊内外にとっての広告塔であったとして、「国民の期待に応えられなくなったというよりは、自衛隊による期待、重圧に応えきれなくなったといった方が妥当と思われる」(52)と推察している。このように、当時の自衛隊におけるスポーツのあり方が、円谷を死に追い込んだという見解も確認することができる。

先に取り上げた川本信正もまた、自衛隊におけるスポーツについて、東京オリンピック前より選手強化のために円谷が所属していた自衛隊体育学校(53)の協力があったことに触れている。一九六一（昭和三六）年に設置された自衛隊体育学校は、その特別体育課程においてオリンピック代表選手の養成、強化を目的としていた。いわゆる企業アマチュアとは異なり、自衛隊体育学校の教官や隊員は、競技の練習が任務となっており、完全国営の「オリンピック選手養成機関」(54)であった。円谷はこのような特殊な環境下におかれていたといえる。

東京オリンピックの成功の裏には、上述したスポーツに関連する団体組織だけではなく、それを支えた経済的な背景があった。たとえば、東京オリンピックは国際的なスポーツの祭典としての機会だけでなく、経済・産業の活性化をはかる絶好の機会でもあった。それは、新幹線や首都高速道路といった交通施設やオリンピック大会周辺の公共施設の建設に経費が投入され、いわゆるオリンピック景気を実現させたことに示されている。

また、オリンピックはナショナリズムと結びつけられて、国民的自覚、思想形成の場として位置づけられ、オリンピックを利用した愛国心の教育や日の丸・君が代の尊重が強調されていく。第1章で触れたように、高度経済成長期における産業構造の転換によって、より多くの労働力が必要とされていた。それを内面から支えるためにも、このナショナリズムが重要な役割を担っていたといえる。この意味で、マラソン競技に入賞し、国立競技場に日章旗を掲げた円谷は「国民的ヒーロー」とみなされたのである。

円谷の自死と競技スポーツをめぐる批判的な見解から、円谷を取り巻いた環境すなわち自衛隊と選手強化システム、ナショナリズムやオリンピック主義を掲げたスポーツ体制が、円谷の死に影響を与えていたと考えられる。円谷の自死の理由については、前項の内容も含めてさまざまな推察がなされているが、最終的には自死が個人的なものである以上、その特定は困難であるといえる。しかし、円谷の死によって、スポーツ界の問題点、スポーツ批判が明るみに出たことは確かであろう。

3 「円谷幸吉物語」の再生産とその現代的な意味

(1) 繰り返される「円谷幸吉物語」

以下では、円谷の死後に表面化した日本のスポーツ界の問題性やスポーツ批判を受けて、「円谷幸吉物語」がスポーツのどのような文脈において立ち現われているのか、それが表出される状況を明らかにしていく。

すでにみてきたように、円谷の自死当時の新聞や雑誌では、円谷に対する周囲の過度の期待や社会的圧力が問題視されていた。近年においても、円谷の死とスポーツのあり方を関連づけた新聞や雑誌の記述のなかで同様のことが指摘されている。たとえば以下のような記述である。

「五輪の重圧が逸材を一人押しつぶした。その朝、東京・練馬の自衛隊体育学校には『メキシコ五輪まであと二七七日』の札が掲げられていた」（毎日新聞一九九五年一月一〇日付）

「円谷幸吉選手がマラソンで三位となりながら『父上さま、母上さま、幸吉はもう走れません……』の遺書を残して自殺したのも、次のメキシコ五輪でのメダルが重圧となったというのが、いまや定説だ」（毎日新聞一九九五年四月八日付）

「敗戦直後、自信喪失した日本人を奮起させたといわれる水泳界の古橋広之進や橋爪四郎、また悲劇の自殺にいたるマラソンの円谷幸吉らは、国を背負い、ふるさとの期待を担ってトレーニングに励んだ」（朝日新聞一九九六年四月五日付）

円谷とともに東京オリンピックマラソン競技に出場した君原健二も、紙面で「私だって何度か死のうと思ったことがあります。それほどすごい重圧です。人ごととは思えないのです」（読売新聞二〇〇七年四月三〇日付）と語っている。同じく東京オリンピックに出場し、女子八〇メートル障害に入賞した依田郁子（一九三八～一九八三）についても以下のような記事が確認できる。

「依田は、レースのスタート前になると、口笛を吹き、ほうきでスタート付近を掃き、くるりと逆立ちをする──というお決まりの〝手順〟が、すっかりおなじみになっていた。『あれは自分を集中させるため、練習でやっていたことをそのままやっていたのですね。人にはいろいろいわれたけど、あれだけやらないと、おさまらなかったのだと言ってました』と宮丸（凱史、依田郁子の夫：筆者注）は回想する。『実は、彼女はオリンピックのときも自分のレースまでは選手村には入らなかったのです。立川の会社の寮でいつものとおり過ごし、いつものとおり中央線に乗って競技場にきていた。プレッシャーに対して、私は私のやり方でやらしてもらうということだったのですね』こうした徹底した自己管理で、プレッシャーをはねのけた依田だったが、人生の重圧には勝てなかった」（産経新聞一九九四年四月一日付）

円谷や君原の後の世代の競技者に関しても同様の語りがみられる。たとえば増田明美は、一九八一（昭和五六）年の高等学校三年時に長距離種目で日本記録を更新し、一躍注目された。一九八四（昭和五九）年のロサンゼルスオリンピックマラソン代表に選出されたが、周囲の期待による重圧から体調を崩し、オリンピックレースでは脱水症状をおこして途中棄権した。その後、一時競技から離れることを伝えた記事では以下のように述べられている。

「期待を背負った晴れの舞台で棄権。帰国後、周囲の説得で意欲的に練習に取り組み、再起を目指した。しかし九月末になって突然、両親に『大学へ行きたい』と決意を打ちあけ、勤め先の川崎製鉄千葉製鉄所とも話し合ってきた。月末には正式に退社の運びという」「走ることについては、『走る気持ちがわけば卒業後でも走れます』といい、東京五輪後に自殺した円谷幸吉選手の名を口にして『円谷さんみたいになりたくなかった』と、競技を続けることの重圧もちらりのぞかせた」（朝日新聞一九八四年一一月二一日付）

また、円谷や君原の後の世代のマラソン競技における中心的な選手であった瀬古利彦に関連する記事においても、周囲からの期待による重圧が語られている。

「世界的なランナーの瀬古利彦（三八、現エスビー陸上部監督）（一九九五年当時：筆者注）も死の影におびえた。ソウル五輪（八八年）前、走れない日々が続く。自著にこう記した。『時々円谷さんのことが頭をかすめる。もう走れないという遺書をしたためた円谷さんの気持ちがわかるような気がした』」（日本経済新聞一九九五年三月二六日付）

上述のように、世界大会やオリンピックで活躍する現代の競技者も、「円谷幸吉物語」や円谷の自死に触れ、「重圧」に関連する自身の経験を語っている。一九九〇年代以降の新聞記事では、周囲からの過剰な期待や競技における勝利を求める社会的圧力が、円谷に重圧を背負わせたことを指摘しており、以後も円谷を死に追いやったのはこの重圧によるものであるという見解を確認することができる。また、現在活躍する競技者に関連する記事においても、円谷の死が引き合いに出されている。

以上の見解から、次のように考えることができるだろう。つまり、円谷の死の背景には自衛隊すなわち「国家」があり、円谷にとって「重圧」になったのは、国家であり自衛隊などの組織である、と。近年においても、オリンピックをはじめとした世界大会で活躍する競技者は、円谷のように依然として「重圧」を背負う状況にあると推察することができる。

しかし、円谷の世代との違いも明確に示されている。たとえば以下の記事である。

「シドニー五輪の女子マラソンで高橋尚子選手は、日の丸や組織の重圧と無縁な軽やかな足取りでコースを走り抜け金メダルを獲得した。『すごく楽しい四十二キロでした。もっと走りたい』という感想を、三十六年前の東京五輪で銅メダルを取った男子マラソンの円谷幸吉選手が国家の期待の重みに『もう走れません』と書き残して自殺した過去と対比してみるとき、日本社会の変容の大きさを実感せざるをえない」（日本経済新聞二〇〇〇年一二月三〇日付）

上記の記事で見解を述べている後藤正治は、円谷と円谷の死を国やナショナリズムを背負って生きた時代の象徴として捉えており、著書のなかで次のように述べている。

「円谷の悲劇は主要には彼の資質に起因するとしかいいようがないが、そこには、個人に過重な重荷を背負わせた時代風潮が濃厚にかかわっている。『国のため』『村のため』『母校のため』『会社のため』『オリンピックのため』……。『なになにのために』という言葉がいまよりはるかにリアリティをもっていた。円谷や君原の世代は、強弱はあれ、家族や村や国を観念のなかで確かな像として結べる最後の世代でもあった」(55)

また、後藤は以下のように円谷らと一九九〇年代以降の競技者とを対比的に捉えている。

「有森は日本のマラソン史にある重苦しさを払拭（ふっしょく）してくれた。バルセロナ五輪の時の屈託のない笑顔が新鮮でした。戦中、戦後とマラソンだけじゃなく、日本のスポーツ界全体が背負っていたナショナリズムを若い世代が吹き飛ばした。自分のために走るんだと。高橋はこの有森型を念押しした。一時代が終

わったのを高橋で強く感じましたね」（毎日新聞二〇〇一年一月三〇日付）

上述の記事で後藤が引き合いに出した有森裕子も、自身の競技を振り返って以下のように語っている。

「円谷さんの時代は徹底して『日本の国のため』『日本人のため』でしたよね。そのような背景の中で、彼があのような形で亡くなられた。『そういうふうにならないようにしよう』という意識を持って競技を始めたのが、たぶん私たちの年代だと思うんです。国を背負ってというよりは、自分のために走るんだ、と公に言えるようになった時代の最初だと思います」(56)

上述のように、同じ「重圧」を背負うとしても、近年では「国のため」に競技に取り組んだ世代にアンチテーゼを示す発言や記述がみられる。この変化は、「国家主義的スポーツ観」から「個人主義的スポーツ観」への転換とみることができる(57)。

上述の記事から、円谷は、国家や国民のために競技スポーツに取り組み、期待される勝利に対して背負った「重圧」におしつぶされた当時の競技者の象徴として捉えられている。現在も「重圧」は競技者を悩ませるものとして現存することが確認できるが、そのようなスポーツ観を相対化し、「自分のために」競技に取り組もうとする姿勢もみられる。

以上のことから、競技者の存在やスポーツ観の記述を通して競技者およびスポーツ界の問題性が語られる文脈において、「円谷幸吉物語」が立ち現われてくるのがわかる。「円谷幸吉物語」が再生産される文脈において、現代の競技者は、歴史的事実としての円谷の死が絶えず再解釈され、重層化していく過程における主体的な存在であるといえる。

(2) 円谷幸吉の自死の意味

本章では、マラソンランナー・円谷幸吉の自死に着目し、円谷の死の理由やその要因、スポーツおよび競技者のあり方についてどのようなことが語られたのか、その語りはどのような問題を鮮明化するものなのかという課題を設定し、検討・考察を試みてきた。そのまとめとして、現在のスポーツおよび競技者にとっての円谷の自死の意味を以下のようにまとめることができよう。

① 競技者が背負う「精神的な重圧・社会的な圧力」を鮮明化する契機

円谷の死が語られることによって、競技者が勝敗をめぐって周囲からの過度の期待や社会的な圧力をうけることが、現代の競技者にとって現実的な問題として認識されることになったといえる。円谷の死は、競技者としてのアイデンティティの危機・喪失につながりうる問題として鮮明化される契機になったと考えられる。

本書の序章でみてきたように、勝利が過剰に期待され、勝利への一元化された志向性がはたらく競技スポーツの構造に組み込まれた競技者は、スポーツにおける主体性・アイデンティティが受動的に規定され、その結果として「重圧」を背負うことになると考えられる。ここでの敗北や挫折は、競技者としての主体性・アイデンティティの喪失にもつながる問題性を有しているといえる。

そして、このような現象はわが国に特有のものであることが考えられている。円谷の自死が報じられた際に、諸外国の記者の見解が紙面に掲載されていた。そこでは、「熱しやすい国民性」や他国にはない「社会的圧力」(朝日新聞一九六八年一月一〇日付)が指摘されており、外国にはない特殊な事例であったことが述べられている。

また、オランダ生まれで日本に在住歴もあるイアン・ブルマは、著書『近代日本の誕生』の序文において、東京オリンピックの状況について以下のように述べている。

「日本国民は競技の成績にこだわっていたが、そのこだわりは必要以上に強すぎたように思う。マラソンの円谷幸吉とハードルの依田郁子は、国民の期待に応えられず、後に自殺している。特に哀れなのは円谷で、競技場には二位で帰ってきたものの、ゴール直前、悲鳴を上げる母国の観衆の前でイギリス人選手に抜かれてしまったのである。銅メダルを手にしたとはいえ、そんなものは何の慰めにもならなかった」(58)

上述のように、わが国における競技スポーツに対する勝利至上主義を背景とした過度の期待や、この期待が競技者にとって社会的な圧力となるのは、わが国の「外からの目」には特異に映ったのではないかと推察することができる。

②　スポーツ観の変容を促す「組み換え装置」

「国のため」、「日本人のため」に走り、自ら命を絶った円谷の悲劇をうけて、現代の競技者が日本という国を代表するということの認識や、スポーツにどのように対峙していくことが望ましいのか、円谷の世代の支配的なスポーツ観（スポーツ根性論）を相対化していく役割を果たしていると考えることができる。

現在という視点から円谷の死を考えるとき、円谷と同様の立場における競技者のスポーツ観の変化を見取ることができる。「国のために」走ったといわれる円谷とは対照的に、現在の競技者はオリンピックをはじめとした国際大会であっても「自分のために」「試合を楽しんでくる」と公言することができる。この変化は、円谷の

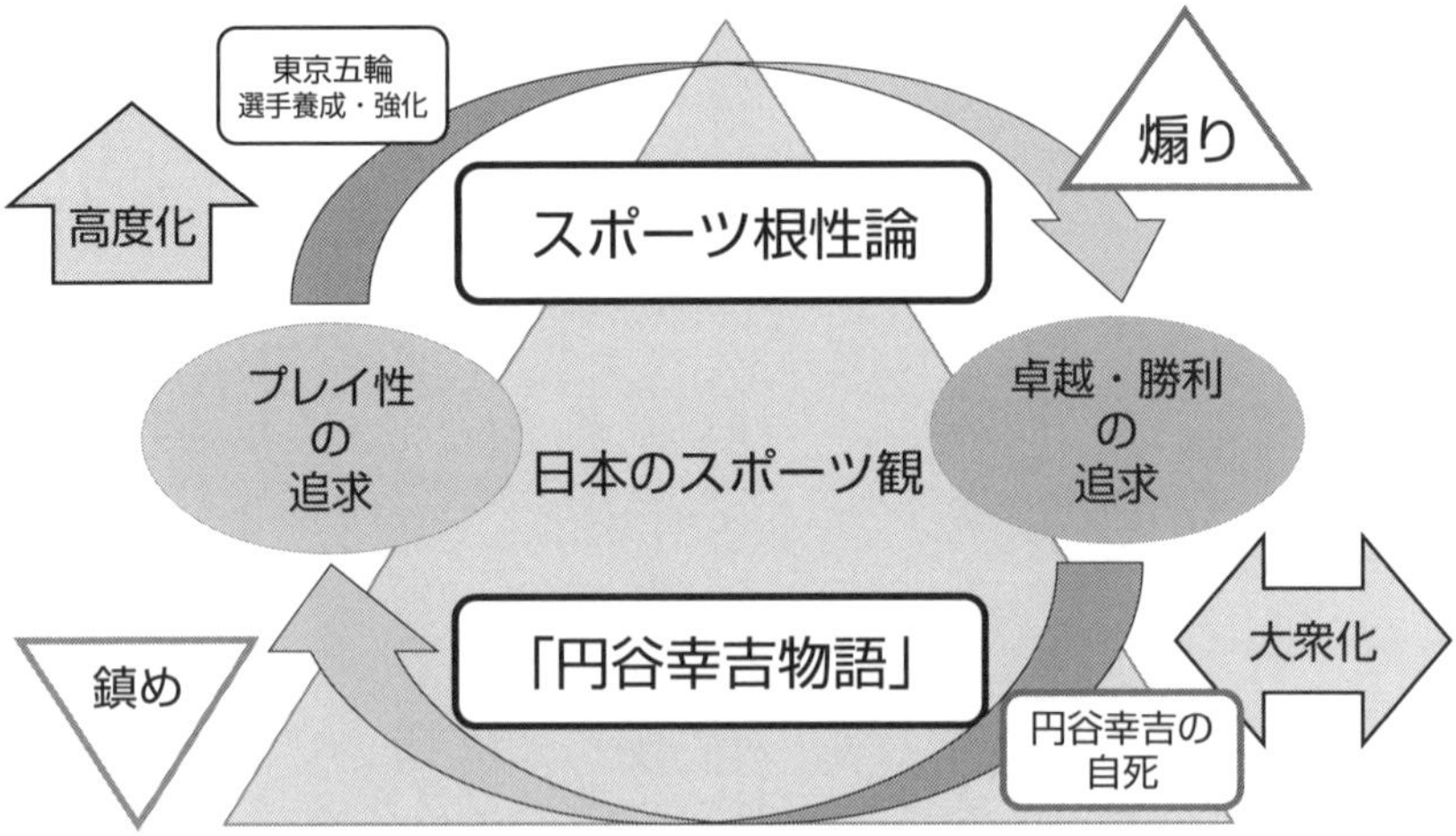

図　スポーツ観の組み換え装置としての「円谷幸吉物語」

死とそれによって生成され再生産される「円谷幸吉物語」が果たす機能によるものではないだろうか。

しかし、勝利の追求に一元化されるスポーツでは、依然として競技者は重圧を背負う存在であるといえるし、円谷の世代のスポーツ観が伏在していることも考えられる。スポーツが本質的に希少性を競うゼロ・サムゲームである以上、競技者は、社会学者の竹内洋が述べるように、競争を通じて「加熱」され、「冷却」されていく存在であるといえる[59]。竹内の見解を応用した社会学者の大村英昭が示す「煽り」と「鎮め」を用いていえば[60]、一九六〇年代に成立したスポーツにおける根性は、競技者に勝利への強い意志とハードトレーニングを求め、激しい競争で「煽る」機能を果たし、他方で「円谷幸吉物語」がスポーツ観の転換の契機となることで、競技者の「分」をわきまえさせ、「鎮める」機能を果たすということを仮説的に構想することができる（図）。

スポーツにおいては、「煽り」と「鎮め」のバランスを保つことが重要であると考えられているが、勝利志向のスポーツでは、この均衡は崩れてしまうことが想定される。このバランスの崩れが、円谷の自死を究極的な事例とした、競技者としての主体性・アイデンティティの危機につながるのではないだろうか。

注

（1）円谷幸吉に関する伝記・物語については、これまで以下に示すとおり新聞記者による著作が出版されている。これらはすべて彼らによる生前の円谷や関係者への聞き取り調査やラジオ放送の記録から編集されたものである。長岡民男（一九七七）『もう走れません――円谷幸吉の栄光と死』講談社、青山一郎（一九八〇）『栄光と孤独の彼方へ――円谷幸吉物語』ベースボール・マガジン社、（二〇〇八）『孤高のランナー円谷幸吉物語』ベースボール・マガジン社、橋本克彦（一九九九）『「オリンピックに奪われた命――円谷幸吉、三〇年目の新証言』小学館。

（2）関係者への聞き取り調査は次に示すとおり実施した。なお、聞き取りは質疑応答という形式ではなく、「各氏がかかわった円谷の生涯」、「円谷という人間について」、また「円谷の自死について」というテーマをもとに、自由な語りという形式をとった。二〇〇七（平成一九）年一〇月一一日　福島県須賀川市内（円谷幸吉メモリアルホール）円谷喜久造氏（円谷幸吉の兄）、松崎昭雄氏（円谷幸吉の幼少期の友人）への聞き取り調査。二〇〇七（平成一九）年一〇月二九日茨城県日立市内畠野洋夫氏（元自衛隊体育学校の教官、東京オリンピック選手強化コーチ）への聞き取り調査。

（3）橋本克彦（一九九九）『オリンピックに奪われた命――円谷幸吉、三〇年目の新証言』小学館、五二頁。

（4）青年団とそこでのスポーツ活動については、次の論稿を参照。小野雄大（二〇一五）「スポーツ研究入門　大正から昭和戦前期の青年団活動と体育・スポーツ」『現代スポーツ評論』三二、一五六～一六一頁、創文企画。

（5）橋本（一九九九）前掲書、八〇頁。

（6）円谷の出生地である福島県須賀川から比較的近いところで、現在の福島県双葉郡富岡町から茨城県日立市にかけて広がっていた常磐炭田において運営された炭鉱業社。一九七〇年に「常磐興産」の所有となったが、一九七六年に閉山し、一九八五年には炭鉱業からも撤退している。

（7）橋本（一九九九）前掲書、三〇～三一頁。

（8）同上、三〇頁。

(9) 同上、二九頁。
(10) 同上、三九頁。
(11) 同上、四二頁。
(12) 畠野洋夫氏への聞き取り調査における証言。
(13) 円谷喜久造氏への聞き取り調査における証言。
(14) 沢木耕太郎（一九七六）「長距離ランナーの遺書 円谷幸吉の夭逝」『展望』二〇八、一一二～一二九、一一五頁。
(15) 円谷喜久造氏への聞き取り調査における証言。
(16) 橋本（一九九九）前掲書、三八頁。
(17) 同上、三九頁。
(18) 畠野洋夫氏への聞き取り調査における証言。
(19) 沢木（一九七六）前掲書、一一九頁。
(20) 同上、一二一頁。
(21) 同上、一二七～一二八頁。
(22) 畠野洋夫氏への聞き取り調査における証言。
(23) 沢木（一九七六）前掲書、一二七頁。
(24) 杉山隆男（二〇〇七）「走るのが苦手な三島と泳ぐのが苦手な円谷幸吉……元兵士が見た二人の相似」週刊ポスト三九（一六）、一七六～一八〇、一七六頁。
(25) 円谷喜久造氏への聞き取り調査における証言。
(26) 橋本（一九九九）前掲書、七二頁。
(27) 福島県須賀川市にある円谷幸吉メモリアルホール内に所蔵されている。聞き取り調査でうかがった際に見せて頂き、複写の許可を頂いた。
(28) 沢木（一九七六）前掲書、一二七頁。
(29) 同上、一二七頁。

(30)　たとえば、高部雨市（二〇〇五）「円谷幸吉／栄光から死への軌跡」『ランニングの世界』一、八五〜九二、高川武将（二〇〇七）「円谷幸吉の魂が日本スポーツ界を救う」『諸君』三九（九）、一一五〜一二五。なお、円谷の残した遺書の解釈や円谷の残した書簡から新たに明らかとなった事実について記した次の書籍が確認できる。松下茂典（二〇一九）『円谷幸吉　命の手紙』文藝春秋。

(31)　しかし、このヒーロー像は虚構であり、幻想であったと考えられる。というのも、スポーツがわれわれに到達するときには、すでに幾重にも修辞的な回路を経ているのであり、その過程からスターやヒーローと呼ばれる競技者が創り出され、それを巡って物語が虚構されていくのが社会・文化現象としてのスポーツの宿命であるといえるからである。多木浩二（一九九五）『スポーツを考える 身体・資本・ナショナリズム』筑摩書房、二二頁。

(32)　遺書の全文は以下のとおりである。なお、遺書は家族宛と自衛隊の上官宛の二通残されていた。

（家族宛）

「父上様　母上様　三日とろろ美味しゅうございました、
干し柿、もちも美味しゅうございました、
敏雄兄、姉上様、おすし美味しゅうございました、
勝美兄姉上様、ぶどう酒、リンゴ美味しゅうございました、
巌兄姉上様、しそめし、南ばんづけ美味しゅうございました、
喜久造兄姉上様、ぶどう液、養命酒美味しゅうございました、
又いつも洗濯ありがとうございました、
幸造兄姉上様、往復車に便乗させて戴き有難うございました、
モンゴいか美味しゅうございました。
正男兄姉上様、お気を煩わして大変申し訳ありませんでした、
幸雄君、秀雄君、幹雄君、敏子ちゃん、
ひで子ちゃん、良介君、敬久君、みよ子ちゃん、
ゆき江ちゃん、光江ちゃん、彰君、芳幸君、

恵子ちゃん、幸栄君、
裕ちゃん、キーちゃん、正嗣君、
立派な人になって下さい。
父上様母上様、幸吉は、もうすっかり疲れ切ってしまって走れません、
何卒お許し下さい。
気が安まる事なく、御苦労、御心配をお掛け致し申し訳ありません、
幸吉は父母上様の側で暮らしとうございました」
（自衛隊上官宛）
「校長先生、済みません、
高長課長、何もなし得ませんでした、
宮下教官、御厄介お掛け通しで済みません、
企画課長、お約束守れず相済みません、
メキシコオリンピックの御成功を祈り上げます」

(33) 沢木（一九七六）前掲書、一二八頁。
(34) 川本信正（一九七六）『スポーツの現代史』大修館書店、五一頁。
(35) 高川（二〇〇七）前掲書、一二二頁。
(36) 助清文昭（二〇〇二）『君原健二聞書き　ゴール無限』文芸社、七六頁。
(37) 川端康成（一九六八）「円谷幸吉の遺書」『風景』九（三）、一六〜一九、一七頁。
(38) 同上、一八頁。
(39) 沢木（一九七六）前掲書、一一三頁。
(40) 同上、一一三頁。
(41) 松永伍一（一九六八）「血族共同体への回帰とその反逆―オリンピック・メダリストの死」『文芸』七（三）、一〇〇〜一〇四、一〇〇頁。

(42)　松永伍一（一九九四）『日本人の別れ』講談社、二一〇頁。
(43)　別様の捉え方をするならば、円谷にとって長距離走者・マラソン競技者としての生き方は、そのまま実生活における生き方になっていたのではないか。たとえば「人生はマラソンである」という言明が違和感なく受け入れられやすいように、競技者としての生が一般的な生の形式になっていたと捉えることができるのではないだろうか。私見では、マラソンランナーの生き方や人生観の多くは上記のように捉えられることが多いように思われる。円谷にとって競技者の終わりは、円谷という個人の生の終わりでもあり、それを自ら決断したのだと類推することができる。
(44)　川本信正（一九七六）『スポーツの現代史』大修館書店、三六頁。
(45)　友添秀則（一九八三）「日本的スポーツ社会の構造的特質に関する試論――主に倫理学的視点から」『体育・スポーツ哲学研究』四・五、一〇五～一一五、一一〇頁。
(46)　中村敏雄（一九六八）『近代スポーツ批判』三省堂、四頁。引用文中で用いられている「疎外」とは、一般的にはうとんじる（うとんじられる）こと、仲間はずれにする（される）ことといった意味が認められる。しかし、ここでは人間がつくり出したもの（商品や貨幣、文化、制度など）が人間自身から離れて客体化し、逆に人間を支配するような力となり、それによって人間が本来の自己を喪失してしまうような状態を指している。中村は、哲学・思想用語、経済学用語における意味で「疎外」と表記しているといえる。
なお、スポーツと人間疎外については、たとえば次の論稿を参照。周愛光（一九九二）「スポーツにおける競争と人間疎外に関する一考察――ジンメルの文化的社会的視点から」『スポーツ教育学研究』一二（二）、八九～一〇二、周愛光・片岡暁夫（一九九五）「スポーツにおける人間疎外の原因と克服に関する研究」『体育・スポーツ哲学研究』一七（一）、一七～三七。
(47)　国民体育大会では、開催都道府県の選手強化策にかかわって、選手は代表する都道府県に住民登録し生活していなければならなかった。そこで、開催地が変わる際に所属の都道府県競技連盟および代表県を当該開催地に移して出場する選手の存在が指摘されていた。このような選手が、移動生活をする民族の呼称を転用して地域や団体を渡り歩く者を比喩する言葉である「ジプシー」という名称で呼ばれていた。
(48)　中村敏雄（一九七七）「近代スポーツの論理」川口智久ほか編著『スポーツを考えるシリーズ一　現代スポーツ論序

説』大修館書店、六八～九三、七二～七五頁。

(49) 関春南（一九七〇）「戦後日本のスポーツ政策――オリンピック体制の確立」『経済学研究』一四、一二五～一二八、一二七頁。

(50) 関によれば、「オリンピック主義」というスポーツ観は、「スポーツ活動を無目的化し、「勝つ」ことのみを至上のものと考え、全てを「勝つ」ことにかけたハード・トレーニングを欠かせない要素として要求した」（同上、一二六頁）という。そして、戦後日本の歴史的・社会的現実とのかかわり合う過程で形成され、日本体育協会の支配的なスポーツ観となった。関はまた、上述のように東京オリンピックへ向けて「オリンピック主義」に支えられながら、政治、経済、思想等を動員した体制を「オリンピック体制」と規定している。本書ではこの考えに依拠しながら、「オリンピック主義」を、オリンピックで勝利することを至上の目的とし、それを支える社会構造をもオリンピックへ動員していくスポーツの価値観とし、それを成立させるための政治や経済、思想を含めた社会体制を「オリンピック体制」と捉えている。

(51) 内海和雄（一九九三）『戦後スポーツ体制の確立』不昧堂出版、二七四頁。

(52) 同上、二七五頁。

(53) 自衛隊体育学校からは、円谷を含めた二一名の選手が日本代表として出場している。円谷のマラソン競技における銅メダルの他に、重量挙げで三宅義信が金メダルを獲得し、近代五種団体やレスリング、水泳で入賞した選手がいたことを確認することができる。「自衛隊体育学校ＨＰ　https://www.mod.go.jp/gsdf/phy_s/pts02.html（二〇二〇年四月現在）。なお、先の内海が述べているように、自衛隊に所属する選手がオリンピックで活躍することは、自衛隊の広報活動の一環となったことが考えられる。また、大学ですでに優れた成績を残し、「東京オリンピックに優勝するために、その方が何かと都合がよかろう」（三宅義信（一九七三）『バーベル人生』善本社、一一四頁）と考え入隊した三宅と比較したとき、体育学校の設立以前より一隊員として入隊してきた円谷へかけられた期待は、自衛隊という組織の看板という意味でより大きなものであったと考えられる。内海（一九九三）前掲書、二七五頁。

(54) 川本（一九七六）前掲書、五八頁。

(55) 後藤正治（二〇〇三）『マラソンランナー』文藝春秋、九八頁。

(56) 文芸春秋編集部（二〇〇六）「円谷幸吉の悲劇を超えて（アスリートが「日の丸」を意識する秋（とき））」『諸君』三

八（一一）、一四五〜一五一、一四五頁。

(57)　村田豊明（一九八八）『ゆれ動くスポーツ観——国家主義から個人主義へ』新泉社。村田は「スポーツ観」について、新聞の社説や投書、国会の議事録の分析によって抽出し、内容の分析から国家主義的、個人主義的な性格を読み取っている。そして、著書のタイトルとなっている「ゆれ動くスポーツ観」を、国家主義的スポーツ観から個人主義的スポーツ観への推移として捉えている。

(58)　イアン・ブルマ、小林朋則訳（二〇〇六）『近代日本の誕生』ランダムハウス講談社、一二頁。

(59)　竹内洋（一九八八）『選抜社会——試験・昇進をめぐる〈加熱〉と〈冷却〉』リクルート出版。竹内は、選抜社会において失敗による面目・自尊心の失墜を最小限にとどめる「冷却」を機能的必要物と考える。「選抜社会への加熱は、多くの人々を希少な地位や財、あるいは学歴にむけての競争にカセクト（欲求）させる。しかるに首尾よくそうした地位や財、あるいは学歴を手にする人はごく少数にしか過ぎない」（二九頁）。つまり、加熱する選抜社会は、「人々をその気にさせておいて肩すかしをしてしまう社会」（二九頁）である。そこから、肩すかしに遭った人々の不平・不満から反逆や逸脱が生じ、社会の存続・維持が困難となることが考えられる。不平・不満を少なくし、それぞれの地位や役割に就いて社会を維持していくために「冷却」が必要であると考えられている。しかし、「冷却」だけでは活力が低下してしまうと考えられ、選抜で拒絶された者は「再加熱」される。この「再加熱」が効力を発揮するために、ある程度においてリターンマッチの制度化は必要であるといわれている。

(60)　大村英昭（二〇〇四）「「鎮めの文化」としてのスポーツ」『スポーツ社会学研究』一二、一〜一四頁。

結章

スポーツにおける「根性」の「いま」と「これから」

本書では、スポーツにおける勝敗をめぐって指摘されてきた問題を出発点とし、卓越・勝利の追求という実践を支えるメンタリティについて考究するうえで、現在では一般的に知られている根性に着目し、スポーツ根性論の成立と流行について考察してきた。また、スポーツ根性論が支配的なスポーツ観として機能したであろう時期にキー・パーソンとなった大松博文の指導哲学・信念である「大松イズム」について検討し、他方でマラソンランナーの円谷幸吉を例として、スポーツ根性論とのかかわりで競技者が被る主体性・アイデンティティの危機について考察してきた。

結章では、これまでの考察をふまえ、一九六〇年代に成立した根性および東京オリンピックを重要な契機として流行したスポーツ根性論の「これから」について考えていきたい。そして、出発点である問題の所在に立ち返り、スポーツにおける勝利至上主義の問題とスポーツ根性論の関係性に触れ、現在ではスポーツの負の側面として語られることの多い根性が成立時のそれとどのように異なっているのかを明確にしたい。それはまた、成立時の根性がその後スポーツ根性論として人びとにどのように理解されたのか、究極的にはスポーツにおける根性とは何かを明確にすることであり、「これから」を考えるための論点を提示することにもつながる。

1　スポーツにおける「根性」とは何だったのか

一九七〇年代以降のスポーツにおける根性には、東京オリンピック前後のそれとは異なる捉え方が確認され、支配的なスポーツ観としてのスポーツ根性論が、勝利至上主義を駆動するコードとして機能することをみてきた。以下では、成立期のスポーツにおける根性とは何だったのかを改めて明確にしたうえで、現在一般的に捉えられている根性が成立時のそれとどのように異なっているのかを確認していきたい。

根性という言葉は、もとは仏教用語に由来しており、人間の生まれもった根本的な性質のことを意味していた。困難にくじけない強い性質や、物事を成し遂げようとする強い気力・精神力といった意味として普及したのは、根性という言葉がスポーツ領域で使用されるようになったためであり、一九六四年に開催された東京オリンピックがその重要な契機となったためであると考えられた。

一九六一年に組織された東京オリンピック選手強化対策本部のスポーツ科学研究委員会心理部会において、メダルを獲得するための選手強化の具体的な方針として「根性つくり」が考えられ、根性は東京オリンピックにおける競技者の精神的基調とされた。他方で、オリンピック選手を指導した指導者たちが独自の根性論を展開し、東京オリンピック以降の根性の流行を後押ししたことが考えられた。その典型的な事例である大松博文については、彼の指導信念が東京オリンピックにおける女子バレーボールチーム「東洋の魔女」の優勝によって説得力をもち、当時の人びとの生き方の指針となるメタ思想にまで拡張してとらえられ、教育や産業界、大衆文化に拡大して影響を及ぼしたことが推察された。

根性は、スポーツにおける競技者としての「人間つくり」や「人間形成」の問題として、また、一九六〇年代における経済発展のための人的能力開発の問題にも関連づけられ、戦略的に推進されていったといえる。このように、根性の意味使用が変容していく背景には、東京オリンピックを成功に導くための、スポーツ界の積極的なはたらきかけがあったこと、および各界や当時の時代状況と共振しながら、「根性がある」ということが社会的に承認されるという価値的な広がりをみせたことが確認された。

では、一九六〇年代のスポーツにおける根性とはどのような概念として規定できるだろうか。

それは、「意志」「精神力」のことを示している。次に、この意志や精神力は「卓越・勝利」という目標を達成するために求められるものであり、目標達成のための方法として「ハードトレーニング」が挙げられる。

東京オリンピック選手強化策における根性は、「勝利という目標達成のために精神を集中し、困難に屈せず継続する強固な意志」のこととされ、その養成には、ハードトレーニングが重視されていた。また、大松博文は「どんなことにぶつかっても負けずにそれにいどみ、のしかかってくればはねのけ、押し返していくだけの〝力〟、なにかに負けようとする自分に、打ち勝っていく精神力」(1)が根性であるとし、それは自分自身に打ち勝つ日々の修養、すなわちハードトレーニングによって培われるものであると述べている。第3章で取り上げた円谷幸吉も根性を「各自正しい高い目標をもち、その目標を達成するため、日ごろやる気をもってやり抜く精神力」「どんな環境でも、それが悪いにしろよいにしろ、全力を出せる精神力」(2)のこととして理解しており、それは日々の積み重ねによってしか培われないものであると考えている。

また、根性には競技者をはじめとした実践者の主体性や個別性、創造性や科学性が前提とされていた。東京オリンピック選手強化対策本部の初代本部長を務めた大島鎌吉は、選手に根性を身につけさせるにはどうしたらよいかということについて発言を繰り返し、「根性づくりテキスト」を考案し、選手たちに配布することを促していた。根性は、苦しいことに耐えたり、困難な課題を克服したりするときに求められる心性と捉えられていたが、大島はこれをスポーツに当てはめ、明示されたことに対して自分を律することのできる選手が理想であり、困難な課題に対する挑戦の末に勝ち取る自信や克己心、それと同時に、新たに編み出される技術が、選手の根性をより向上させると考えた(3)。そして、選手強化対策本部のスポーツ科学研究委員会が主となり、根性について科学的な研究がなされ、その研究成果が応用されて、今日のメンタルトレーニングに生かされたという経緯がある。根性を、あくまでも合理的かつ科学的にトレーニング・競技実践へ活かす意図があったと考えられる。

大松も選手の自己教育・自己形成といった側面を重視し、主体的なハードトレーニング・自己鍛錬を強調し

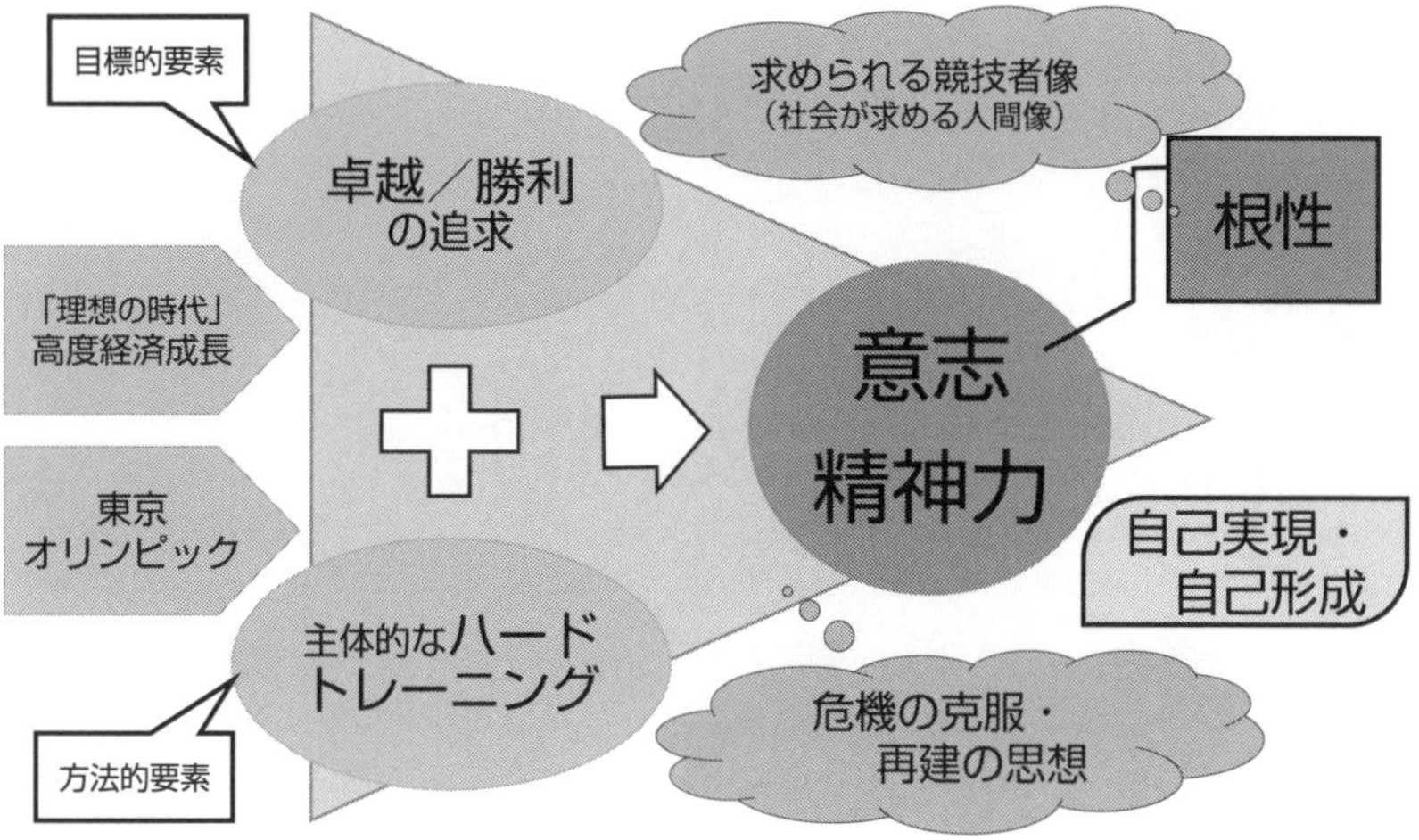

図1　成立期のスポーツにおける「根性」

ていた。「大松イズム」とは、選手一人ひとりの特性を把握し、それぞれに合った指導方法を考え、「率先垂範」を念頭に置き、常に選手とともに実践することにあったということを第2章でみてきた。

以上のことから、成立期のスポーツにおける「根性」とは、目標的要素としての「卓越・勝利（追求）」、方法的要素としての「ハードトレーニング」によって培われる「意志」「精神力」のことであったといえる。それが社会一般では、不利な状況や困難な課題に対して継続した取り組みによって超克し、打開することと読み換えられ、当時の社会的背景をふまえていえば、一九四五年の敗戦による挫折・喪失から復興へのプロセスが重ねて捉えられた。その底流には、当時を生きた人びとに共有された「通俗道徳」あるいは「執着気質的職業倫理」と呼びうる危機を乗り越え、克服するための思想があったと考えられる。また、東京オリンピックをはじめ、国際大会で活躍する優れた競技者が、めざすべき人間像として措定されたことで、根性はめざすべき人間・競技者の理念型として位置づけられた。スポーツにおける根性を重要視し、いかに培い、目標とする卓越・勝利を成し遂げるかというス

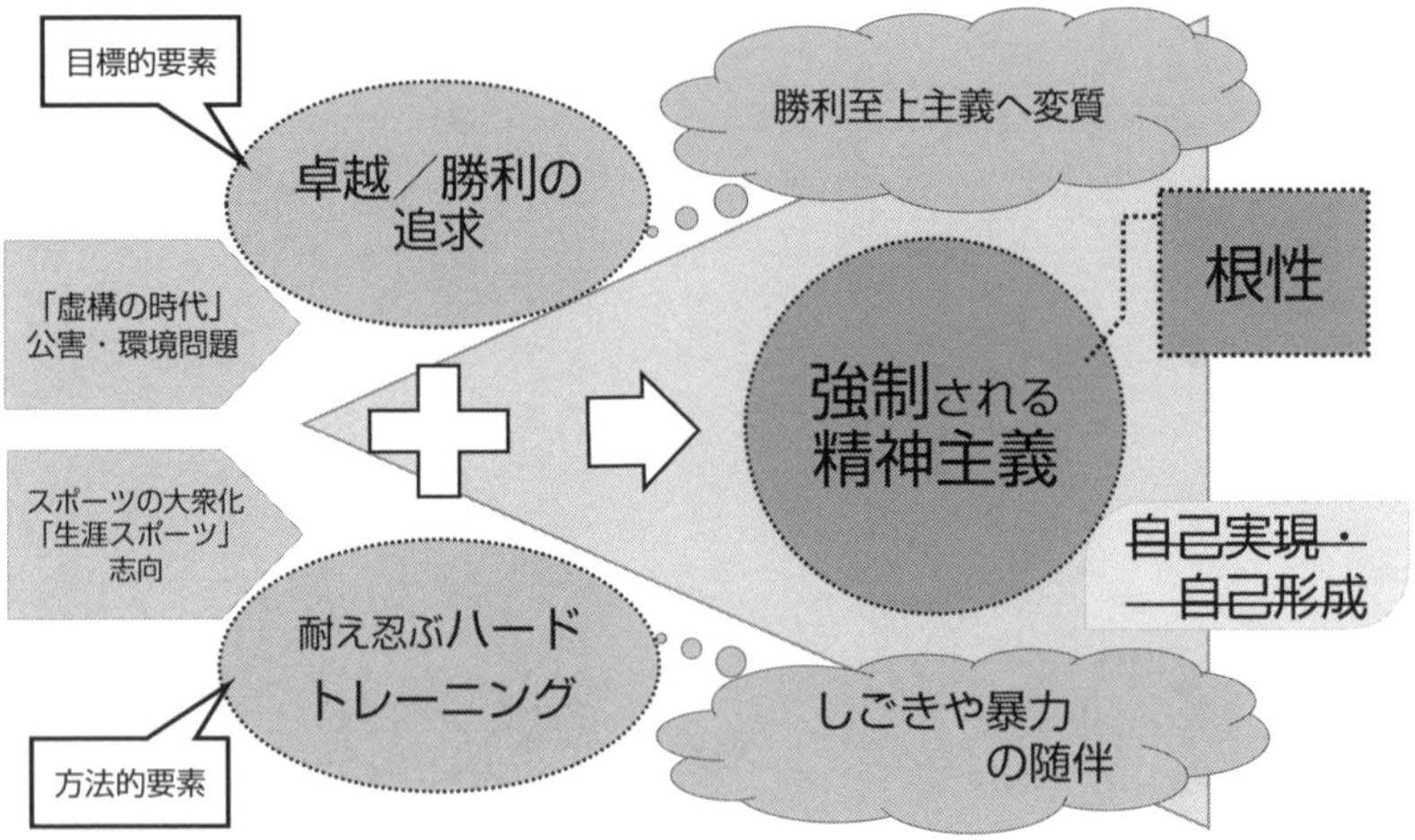

図２　成立期以降のスポーツにおける「根性」

ポーツ根性論は、明治期に流行した修養論や立身出世主義にも通底するような、自己実現・自己形成論でもあったと考えられる（図１）。

では、現在一般的に捉えられている根性は、成立時のそれとどのように異なっているのか。

一九六〇年代に流行したと考えられるスポーツ根性は、それ以降に批判的な言説をともなって取り上げられるようになった。そこでのスポーツにおける根性は、精神主義的色彩のつよい言葉として捉えられ、どんなに苦しく不合理なことでも、従順に耐え忍び、頑張ることのできる精神力のこととされた。また、しごきや体罰をはじめ暴力を伴った指導の問題や勝利至上主義の弊害に関連づけた見解が確認された。そして、根性は戦前の軍隊的秩序と深くかかわっていると考えられた。その背景には、東京オリンピック以降、第３章で取り上げた円谷幸吉の自死をはじめ、競技者および実践者の死を伴った事件が相次いで起こり、各方面からスポーツ批判が噴出したことが挙げられる。現代の根性は上述のような性格を残しつつ、勝利至上主義と結びついているということが考えられた。

一九八〇年代以降の新聞記事をはじめとした言説では、根性は現代のスポーツ実践・指導のなかで影響力を失いつつあり、現代の多様な価値観を考慮に入れつつ新たなスポーツの精神的基調を構想する必要性が主張されていた。また、スポーツ指導や実践において、根性と科学（合理性）が対立項としてあげられており、スポーツを科学的に捉える見方が主流になりつつあることが示されていた。

以上のことから、一九六〇年代以降のスポーツにおける根性は、成立期のそれとは異なった捉え方がなされているといえる。それは、強制される精神主義として捉えられるものであり、もはや「意志」とはいえないものである。強制される精神主義は、従順に耐え忍び、苦しむだけのハードトレーニングによって強化され、自主性や能動性は希薄化する。卓越・勝利という目標は形骸化してしまうため、このときのハードトレーニングは目標達成のための方法にはなりえなかったということが考えられる（図2）。大松や八田といった指導者が警鐘を鳴らしていたように、スポーツにおける根性は、それを受容し、実践に移そうとした大衆によってミスリードされていったことが考えられる(4)。

2　スポーツと根性の「これから」

では、スポーツにおける根性およびスポーツ根性論は現代において無用のものなのか。スポーツにおける根性のアクチュアリティ（有用性）は見いだせるのだろうか。それは成立期の根性であれば、現代においても十分に通用するものではないだろうか。根性は、流行とともに変容していくなかで問題性および弊害をもたらしたとしても、それが卓越・勝利の追求を支えるメンタリティであり続けているということは認められるだろう。そのうえでスポーツと根性の「これから」を考えるとき、以下のようなことが論点や課題として見いだされる。

① スポーツ根性論と指導・コーチング

すでにみてきたように、現代のスポーツ実践では、非合理的な根性論よりも科学的な根拠に基づいたトレーニング理論を求める風潮がある。かつては「練習中に水を飲むな」といわれていたのが、現在では水分補給の重要性が説かれているし、「昔はとにかくうさぎ跳びをやらされた」という話を耳にすることがあるが、現在ではほとんどみられない。スポーツ科学の知見が実践に生かされるようになった一方で、根性論は過去の遺物として捉えられるようになった。

それでもなお、スポーツ（指導）の現場では、「勝てないのは、厳しい練習に耐えられないのは、根性がないから」「途中で諦めてしまうのは、頑張りや忍耐力が足りないから」という話を耳にする。しかし、本当にそうなのだろうか。

高度経済成長期に根性論が社会に流行し、スポーツ界をはじめ「皆が頑張った」時代はそれでよかったのかもしれない。しかし、その成功体験が現代のスポーツ実践や指導で有効にはたらくわけではない。ものの見方・考え方や価値観が多様化している現代社会では、「根性」一辺倒で指導することには無理がある。むしろ、「根性を見せろ」や「頑張れ」と言うだけで、できない（勝てない）子ども・競技者を叱ったり、手を上げたりすることは、自らの指導力不足を露呈するだけで、双方の成長が阻害されてしまうのではないか。

他方で、スポーツ科学の成果に基づいたトレーニングや指導を行うにしても、子ども・競技者の実態を考慮し、理解可能なかたちで科学知を伝えなければ、科学性や合理性というもっともな理由で煙に巻き、結局、子ども・競技者の主体性を無視した指導になってしまいかねないだろう。スポーツ科学の知見を理解可能なかたちで伝えるよりも、感情に訴え奮起を促すことが有効なケースもあるだろう。

上述のケースでは、コミュニケーションによる指導者―選手間の肯定的な関係の形成が前提となるだろう。指導者―選手間に信頼関係が構築されることによってはじめて、スポーツ科学的な知見に基づいた実践や、心性に訴えかけるような言葉がけが有効にはたらくのではないだろうか。ただし過去には、信頼関係が強固であるがゆえに盲目的・閉鎖的になり、指導者の行き過ぎた指導を否定することができず、弊害が生じたことにも留意しなければならない。

そもそも、本書において規定したスポーツにおける根性および根性論の内容にそくして考えれば、スポーツの実践において、特に指導者が競技者の根性を養成するということや、それがスポーツ指導における目標となることを問いなおす必要があるだろう。根性は、指導上の目標に据えられるのではなく、卓越・勝利という目標に向けて取り組む姿勢を支える基礎や前提として位置づけられるべきではないだろうか。「強制する」精神主義としての根性では、子どもや選手のやる気を引き出すことはできない。また、そのような根性ならば必要ないだろう。今、目の前にいる子ども・選手の実態や特性を理解して、どうすれば勝てるのか、うまくできるようになるのかをともに考え、実践していくことが肝要であるといえる。

②　スポーツにおける根性と「危機」に対峙する思想

すでに述べたように、成立期のスポーツにおける根性の底流には、当時を生きた人びとに共有された（「通俗道徳」あるいは「執着気質的職業倫理」に通じるような）、危機的な状況を乗り越え克服するための思想があったと考えられた。その後も人びとは現代にいたるまでに震災をはじめとした未曽有の自然災害、そして二〇二〇年に起こった新型コロナウイルスのパンデミックという「危機的な状況」を経験している。

この「危機的な状況」をどのように生きるのかということについて、近年では「レジリエンス（Resilience）」が心理学領域を中心に注目されている。レジリエンスは、危機に直面した際に人間が備え、対応し、乗り越える精神性のことを示す包括的な概念として捉えられ、それはスポーツ経験によって効果的に発揮されると考えられている。[5] 困難の克服や回復、ストレスやプレッシャーに対する耐久性、弾力性、変化への適応といった、現代社会を生きるうえで必要と考えられている資質にも通じており、スポーツの実践において果たす役割は大きいといえる。このことは、危機的な状況やトラウマに直面する者が、自ら固有の生の意味を肯定的に改めて方向づけることとして考えられている。[6]

レジリエンスは、当該概念が注目されるようになった社会的背景および危機的状況・困難の克服という意味で根性と共振する点があると考える。また、両概念とも心理学領域において研究の俎上にあげられ、対象も個人から集団や組織にまで適用されるようになったことから、社会的・文化的な集合意識、心性として捉えられるようになっている。

しかし、根性と共振するということでいえば、広範な概念であるレジリエンスが勝利追求のための方法と位置づけられ、個人の素質あるいは集団的心性と解釈されることで、バーンアウトやドロップアウトといった弊害をもたらしうる、万能ゆえの危険性も有していることも考慮に入れておかなければならない。

一九六〇年代わが国のスポーツ界が根性という言葉に託したのは、大島鎌吉が構想したように、また晩年の大松博文が示したように、新しい日本のスポーツ、実践者・競技者の姿であったといえる。東京オリンピックにおいて、世界に伍して躍動する競技者の姿は、敗戦による挫折・喪失の記憶を再編し、再建・復興を遂げ、自信を取り戻した日本の姿に重ねてまなざされ、「耐え忍ぶこと」や「努力・頑張り」という性質だけにとどまらず、「根性がある」ということが、社会的に承認されたのではなかったか。一九六〇年代にその意味使用が変容した根性という言葉に込められていたのは、以上のような人びとの自己変革・自己変容への志向性であったと考えられる。

レジリエンス概念をふまえていえば、勝利を追求するスポーツにおいて生じる危機的状況に対する適応（備える、向き合う、乗り越える）、または自己変革・自己変容のメンタリティとして位置づけるところに、スポーツにおける根性のアクチュアリティが見いだせるのではないか。

③　スポーツ根性論と主体の形成・変容

本書では、一九六〇年代に成立したスポーツにおける根性の底流に、当時を生きた人びとの危機を乗り越え、克服するための思想を位置づけていた。また、根性がめざすべき人間・競技者の理念型として位置づけられたことで、スポーツにおける根性を重要視し、いかに培い、目標とする卓越・勝利を成し遂げるかというスポーツ根性論は、明治期に流行した修養論や立身出世主義にも通底するような、自己実現・自己形成論でもあったと考えられた。

本書の第2章で取り上げたように、大松は、選手の自己教育・自己形成という側面を重視し、主体的なハードトレーニング・自己鍛錬を強調していた。大松が為したことは、「東洋の魔女」たちのそれぞれの特性を把握し、それぞれに合った指導方法を考え、「率先垂範」を念頭に置き、常に彼女たちとともに実践することであった。大松は、自分自身に打ち勝つための、つまり克己のための日々の修養が「ハードトレーニング」であり、それによって根性が養われると考えていた。

上述のことから、スポーツ根性論や大松イズムでは、スポーツの実践を通じた人間形成・主体性の形成が重要視されていたと考えてよいだろう。それは特に、主体が自己を形成していく実践として捉えることができる。

ここに、スポーツ根性論から自己形成論・修養論への接続の可能性が見いだされる。「修養」という言葉は、「身を修め、心を養う」こと以上に多様に語られており、道徳や修行、養生にもつながっているとされ、英語の cultivation によってそれらを「まとまり」として提示する試みも確認できる。(7) いずれにしても、自己へのかかわり方が焦点となっている。

この実践が、与えられた（有限な）環境において、自ら学び成長しようと地道に努力を重ねること、そこに向上心がもたらされ、ひいては自己自身によって人生をよりよくすることとして捉えられるのであるならば、従来の「規律訓練 discipline」による人間形成論におさまらない論理や価値をそこに見いだすことができるのではないだろうか。修養をはじめとした自己形成の思想とスポーツにおける実践・トレーニングをどのように関係づけられるのか、スポーツにおける日常的な実践としてのトレーニングと主体の形成（変容）について、従来とは異なる視点から考究する契機になると考える。

④ スポーツにおける根性と勝利至上主義の問題

本書の第3章で取り上げたように、勝利へと一元化された志向性がはたらく競技スポーツの構造に組み込まれることによって、競技者の主体性・アイデンティティは受動的に規定され、「勝たなければならない」存在として重圧を背負うことになる。そこでの敗北や挫折は、円谷幸吉の自死が象徴的であったように、主体性・アイデンティティの喪失につながるものとして考えられた。このとき（形骸化した、イデオロギー的な）スポーツ根性論は、継続・接続を促すコード（規範）として機能し、徹底した競争や勝利の追求のなかで閉塞状況に置かれた際に、競技空間からの離脱や中断・切断（脱コード化）を困難なものにしていると考えられた。

スポーツにおける勝利至上主義の問題を克服するには、究極的には「近代の原理」が内包されたスポーツの論理から解き放たれることを必要とする。しかし、「近代の原理」が反映された時代・社会の延長上を生きている私たちにとって、それは現実的に困難であるといえる。この問題を解決に導く手がかりについて、『ピンポン』の終盤の試合描写を取り上げながら付言しておきたい。

挫折から立ち直り、田村の息子が指導する大学で特訓を受け、猛練習をしてきた星野は、新たな技術も体得し、インターハイ予選に出場し、準決勝の風間との対戦までこぎつけた。しかし、膝の状態が悪化してしまった星野は、風間に第一セットを取られてしまい、追いつめられる。

ところが第二セットに入り、星野が覚醒する。超人的なパフォーマンスで風間を圧倒し始め、二人の状況は逆転し、第二セットは星野が取り返す。第三セットに入り、今度は風間が追いつめられた状況となるが、どうも様子が違う。試合を観戦していた孔は、彼のコーチに次のように語る。

コーチ「カザマには辛いな。」
孔「どうかな。　ホシノのプレーは型にはまっていないよ、コーチ。卓球が好きで仕方ないという感じさ。そういう相手と一緒にプレーできるという事は……少なくとも俺は……」

（『ピンポン』第五巻、一〇〇頁）

上述の孔の語りに続く言葉については、マンガでは明示されないが、実写映画版では、「幸せなことだ」というセリフが続く。実際に、激しいラリーが続き、追いつめられたはずの風間が笑顔を見せるのである。

海王の部員「下がるな風間っ…　前っ、前っ、前っ、前っ、…」

風間「ゴチャゴチャうるせえっ！　邪魔するなっ!!」
海王の部員「あっ……」「笑うとったぞ、今…」「なんでや？」
（『ピンポン』第五巻、一〇七～一〇九頁）

星野と風間の試合では、両者が卓球を深いところで「楽しんでいた」といえる。それはまた、競技として目標である勝利を追求する実践でありながら、その過程を手段とせず、むしろそこに没入し、卓球そのものを楽しむというスポーツ空間を創出していると捉えられる。このときの彼らの実践は、「近代の原理」が反映されたスポーツにおける卓越性の追求ではなく、スポーツにおける単純で原初的な幸福・歓びの追求であり、実践主体にとって実存的なレベルで生き生きとした実践であるといえる。『ピンポン』のクライマックスである星野と風間の試合終盤の描写なら

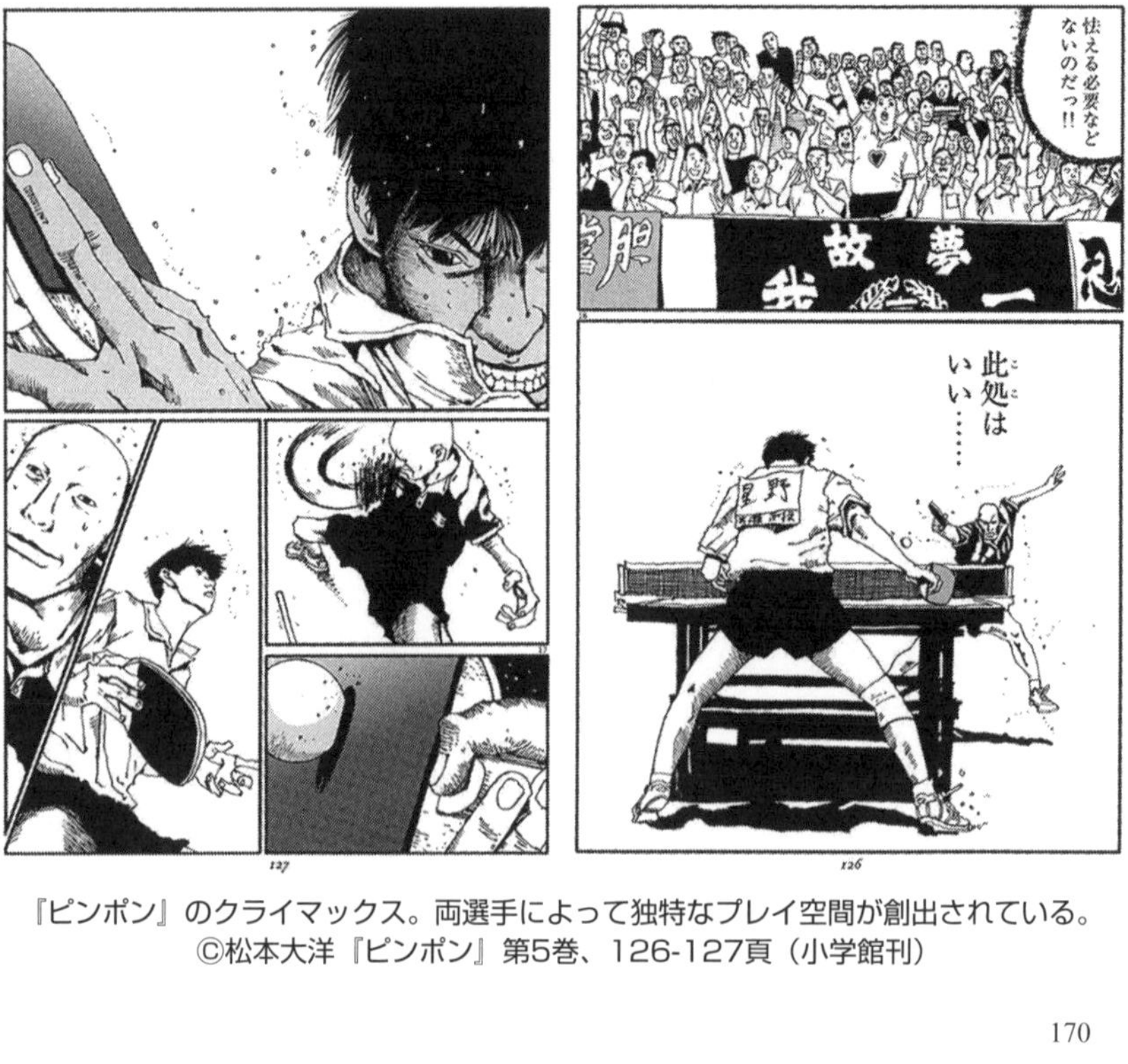

『ピンポン』のクライマックス。両選手によって独特なプレイ空間が創出されている。
©松本大洋『ピンポン』第5巻、126-127頁（小学館刊）

びに星野と月本の決勝での試合描写は、スポーツのシンプルな（単純な）実践によって「近代の原理」が反映されたスポーツの論理を超越することを、あるいは近代スポーツの相対化は可能であるということを、表現しているのではないだろうか。

近代社会の進行につれて発展してきたスポーツは、勝敗を重要視し、達成することへ一元的に方向づけられてきた。このようなスポーツを再考し、捉えなおそうとすることは、近代から現代にいたる社会のあり方を捉えなおそうとすることでもある。現代およびこれからのスポーツは、近代競技スポーツとは別様の、あるいは多元的なアプローチによって構想される必要があるだろう。

注

（1）大松博文（一九七一）『誰のために生きるのか 大松人生論』鷹書房、八四頁。

（2）須賀川市新成人向け冊子「円谷幸吉からの伝言」九頁。これは円谷が一九六六年に北海道在住の新成人向け「成人の書」に寄稿した文書を冊子化したものであり、平成三〇年度から須賀川市の新成人へ配付しているものである。多くの人びとに円谷が遺した功績を改めて認識してもらい、次世代へ継承していくことを企図した「円谷幸吉レガシー継承事業」の一環とされている。

須賀川市ＨＰ https://www.city.sukagawa.fukushima.jp/bunka_sports/sports/1007812/1001580.html

（3）大島鎌吉（一九六五）「根性物語　貧しさの中に育つ」『毎日グラフ（別冊）一一人の魔女　勝利の記録・根性物語』毎日新聞社、七八頁。なお、大島は根性を形成するものとして以下の項目を挙げている。

・計画性、科学性（研究心）、創造性（創意）
・自主性、規律性、責任感
・意欲の強さ、敵がい心、勝利に対する意欲（執着）

・自信

（4）スポーツ社会学者の下竹亮志は、現在の言説としての「スポーツ根性論」が一九六四年東京オリンピックを契機として継承されてきたとする説を安易に受け入れることなく、経済・産業界をはじめスポーツ界以外の言説を検討することによって、他領域を含めた重層的な言説の折り重なりを経たものが「スポーツ根性論」として現在に至っていると考える。下竹は、大松博文をはじめとするスポーツ界の根性論が一般大衆に受容されたと単線的に捉えるのではなく、根性に「個人の抑圧、従順の強制、不合理性、非科学性」といった意味を付与していった別の領域があったと考える。それは政治・経済界であり、政治と経済界が結託して「愛国的な企業戦士」を求めるなか、その人材育成に合致した思想が今日の根性論だったのではないかと考えている。下竹亮志（二〇一八）「根性論の系譜学―六四年東京オリンピックはスポーツ根性論を生んだのか？」石坂友司・松林秀樹編著『一九六四年東京オリンピックは何を生んだのか』青弓社、八五～九八頁。

（5）小林洋平、西田保（二〇〇九）「スポーツにおけるレジリエンス研究の展望」『総合保健体育科学』（名古屋大学総合保健体育科学センター紀要）三二（一）、一一～一九頁。

（6）セルジュ・ティスロン、阿部又一郎訳（二〇一六）『レジリエンス―こころの回復とはなにか』白水社、一六三～一六四頁。

（7）西平直（二〇二〇）『修養の思想』春秋社。「修養」という言葉には、「身を修め、心を養う」こと以上に多様な語りがみられ、道徳や修行、養生にもつながる。西平はそれらを英語のcultivationを併記することによって「まとまり」として提示している。それはまた、ミシェル・フーコーが晩年に着目した「自己への配慮」「主体が自己を形成してゆく実践」（フーコー、廣瀬浩司・原和之訳（二〇〇四）『主体の解釈学』筑摩書房）を想起させる。実際に、西平はフーコーにおける「自己への配慮」を「修養 cultivation」として捉えることを試みている。

おわりに

本書では、スポーツにおける卓越・勝利の追求という実践を支えるメンタリティとして「根性」に着目し、「スポーツ根性論」の成立と流行について考究してきた。本書のテーマはまた、以下に示すように、二〇一一年に提出した博士学位論文（「戦後のわが国における競技者としてのアイデンティティと勝利至上主義的なスポーツ観の形成に関する研究」）をベースとし、その後一〇年にわたる取り組みをまとめたものである。

序章

—友添秀則 編著（二〇一七）『よくわかるスポーツ倫理学』ミネルヴァ書房（岡部祐介「第Ⅱ部四 勝敗の倫理学」（五〇～六三頁））

—岡部祐介（二〇一八）「スポーツにおける勝利追求の問題性に関する一考察——〈勝利至上主義〉の生成とその社会的意味に着目して」関東学院大学経済学部・経営学部総合学術論叢『自然・人間・社会』六五、一五～三七頁

—青柳健隆・岡部祐介 編著（二〇一九）『部活動の論点「これから」を考えるためのヒント』旬報社（岡部祐介「第2章　競技力向上のための運動部活動とその問題性」（三一～五〇頁））

第1章

—岡部祐介・友添秀則・春日芳美（二〇一二）「一九六〇年代における「根性」の変容に関する一考察——東京オリンピックが果たした役割に着目して」『体育学研究』五七（二）、一二九～一四二頁

第2章

―岡部祐介（二〇一八）「高度経済成長期におけるスポーツ実践の思想――バレーボール指導者・大松博文に着目して」関東学院大学経済経営学会研究論集『経済系』二七四、一一～二三頁

第3章

―岡部祐介・友添秀則・吉永武史・稲葉佳奈子（二〇一〇）「マラソン競技者・円谷幸吉の自死に関する一考察――競技スポーツおよび競技者の問題性との関連から」『スポーツ教育学研究』三〇（二）、一三～二三頁

―瀬戸邦弘・杉山千鶴 編著（二〇一三）『近代日本の身体表象 演じる身体・競う身体』森話社（岡部祐介「競う・創られる〈体育・スポーツ編〉10 自死により守られ清算された身体 円谷幸吉の選択」（二五七～二八〇頁））

結章

―岡部祐介（二〇一八）「いま、根性論にアクチュアリティはみいだせるのか――「スポーツ根性論」の再解釈（日本体育学会第六八回大会体育哲学専門領域シンポジウム報告）」『体育哲学研究』四九～五三頁

―佐藤善人 編著（二〇一八）『子供がやる気になる!! スポーツ指導』学文社（岡部祐介「第5章「スポ根」再考―根性論で子ども・選手のやる気は引き出せるのか?」（五二～六〇頁））

博士学位論文とそれにかかわる論文の執筆にあたっては、何よりもまずご指導いただいた友添秀則先生に感謝を申し上げたい。また、寒川恒夫先生、志々田文明先生からは審査をはじめ、貴重なご指摘・ご示唆をいただいたこと、聞き取り調査では関係者の方から貴重なお話をいただいたことにも感謝を申し上げたい。関係者の皆

様の思いを少しでもかたちにして伝えていけるのであれば、私にとってもこの上ない喜びである。

本書をまとめるにあたっては、長い時間を要してしまった。この間に目まぐるしい変化があったが、それに適応しようと試行錯誤しながら自身の研究課題に向き合ってきた。さまざまな（政治的）思惑が交錯しながらも開催にこぎつけた東京オリンピック・パラリンピック２０２０も、新型コロナウイルスのパンデミックが世界的規模で起こったことで一年の延期を余儀なくされた。しかし、アスリートたちは制限された困難な状況にも適応し、卓越したパフォーマンスを見せてくれたと思う。

生命の危機を意識するような経験を通して、地球の自然環境が有限なものとして捉えられ、無限に欲望や進歩を追求する時代の「終わりの始まり」を考えるようになった。これからのスポーツは、有限性を踏まえた自己のパフォーマンスの最適化という方向へシフトするべきではないだろうか。スポーツは、「不完全性」があるからこそ人を惹きつけると思っている。不完全さがあるなかで、それでもベストを尽くし卓越性を志向することから、人びとに訴えかけるものがある。「不完全性」は、「最適化」の追求につながっている。コロナショックは、それを加速させるのではないか。現在、制限された状況を生きなければならず、元の生活には戻れないことが考えられる。このような有限な状況のなかでも、自分に何ができるのか・何をするのかを絶えず考え実践していく「最適化」の時代になりつつあるのではないか。このことは、近年いくつかの取材をお受けし、スポーツと根性のこれからについて話をするなかで考えるようになった。まとまりのない話を丁寧に文字に起こし、記事にしていただいた記者・ライターの皆様に感謝したい。

本書のテーマは、私がこれまでスポーツにかかわった経験から生じた問いをかたちにしたものでもある。私の人生の財産となった早稲田大学競走部での経験を共有した仲間やご指導いただいた遠藤司さん、渡辺康幸さん、礒繁雄先生、一二年間の競技生活を支えて下さった方々にお礼を申し上げたい。

最後に、本書をまとめるにあたって、ＳＩＳＫ研究会のメンバーからは的確なアドバイスをいただき、新たな気づきや学びがあった。また、旬報社の今井智子様には編集において細やかなご配慮をいただき、刊行にまで至ることができた。皆様にこの場をお借りして厚く感謝を申し上げたい。これまでも、今も変わらず私を支えてくれる家族には、ここに記すよりも直接に感謝を伝えることとしたい。

本書を通じて、一人でも多くの方がスポーツと根性の「これまで」と「いま」について理解を深められることを願っている。そのうえでぜひ、スポーツと根性の「これから」の話をしよう。

二〇二一年一〇月　岡部　祐介

著者紹介

岡部 祐介（おかべ ゆうすけ）

1981 年、茨城県生まれ。関東学院大学経営学部准教授。早稲田大学スポーツ科学学術院助手、至誠館大学ライフデザイン学部講師を経て現職。2011 年、早稲田大学大学院スポーツ科学研究科博士後期課程修了。博士（スポーツ科学）。専門はスポーツ哲学、スポーツ文化論。中学校から大学まで陸上競技部に所属。長距離種目を専門とし、大学では箱根駅伝にも出場。

スポーツ根性論の誕生と変容

卓越への意志・勝利の追求

2021 年 11 月 25 日　初版第 1 刷発行

著　　者　岡部祐介
装　　丁　波多英次
編集担当　今井智子
発 行 者　木内洋育
発 行 所　株式会社 旬報社
〒 162-0041 東京都新宿区早稲田鶴巻町 544 中川ビル 4F
Tel03-5579-8973　Fax03-5579-8975
ホームページ　http://www.junposha.com/
印刷製本　中央精版印刷株式会社

ISBN 978-4-8451-1728-4